AF253051

E. BONHOURE

Ancien secrétaire-rédacteur à la Chambre des députés.

L'Indo-Chine

AVEC CARTE ET PHOTOGRAVURES

PARIS

Augustin CHALLAMEL, Éditeur

Rue Jacob, 17

1900

R.F. BIBLIOTHÈQUE NATIONALE IMPRIMÉS

L'INDO-CHINE

10
K
416

MACON, PROTAT FRÈRES, IMPRIMEURS

E. BONHOURE

Ancien secrétaire-rédacteur à la chambre des députés.

L'Indo-Chine

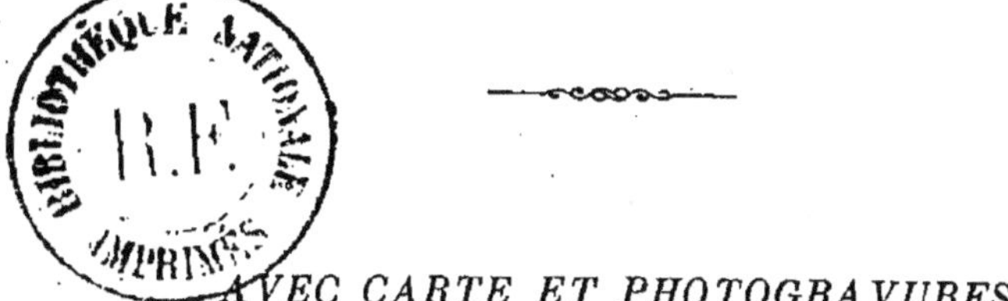

AVEC CARTE ET PHOTOGRAVURES

PARIS

AUGUSTIN CHALLAMEL, ÉDITEUR

RUE JACOB, 17

1900

AVANT-PROPOS

En 1889, l'Exposition de l'Indo-Chine fut une surprise et une révélation. Depuis cette époque, l'opinion publique ayant eu souvent l'occasion de se préoccuper des questions extérieures, l'éducation coloniale du public français a fait quelque progrès. Mais si nous ne méritons plus au même degré qu'autrefois le reproche d'ignorer la géographie, nous avons encore beaucoup à apprendre pour connaître exactement nos possessions lointaines.

Ce n'est d'ailleurs pas absolument notre faute. En dehors des notions rudimentaires et banales qui ne sont même pas toujours exactes, ayant été faussées par des préjugés et des légendes d'autrefois, il est difficile de réunir tous les renseignements précis, tous les documents authentiques et, surtout, il est presque impossible d'en saisir avec certitude le sens, la portée, la signification morale de façon à pouvoir porter sur toutes choses un jugement certain. Les documents officiels, brefs et réservés, les statistiques sèches et nues, hérissées de chiffres dont la signification n'est point aisée à dégager, sont évidemment des éléments précieux pour se former une opinion. Mais pour pouvoir les interpréter fidèlement, pour en extraire des conclusions sûres, des appréciations saines et justes, il faut se résoudre à faire un travail considérable de critique, de comparaison, de confrontation pour ainsi dire, entre tous ces faits, tous ces renseignements et tous ces chiffres qui, parfois, semblent se contredire et cependant concordent, en réalité, parfaitement.

Et cette tâche, à l'heure actuelle, devient encore plus difficile par l'abondance même des renseignements. Les notices officielles afférentes à chaque colonie débordent de faits, de chiffres, de documents. Mais la statistique n'a pas d'opinion — ou du moins, elle n'en formule pas — et les publications officielles, tenues à la réserve et à la modestie les plus strictes, constatent beaucoup et n'expliquent guère.

Cependant une Exposition n'est pas et ne peut pas être un fait purement matériel. Derrière la matérialité des choses et au-dessus, il y a toujours un fait moral, l'action d'une pensée, d'une volonté, une direction, un ordre de choses social, économique, politique, gouvernemental dont le fait matériel n'est que la résultante. Il est impossible de discuter le prix d'un objet quelconque sans soulever une foule de questions qui toutes aboutissent à des questions d'ordre social et politique. Les droits de douane, le prix des transports, l'origine des matières premières, la nature et le prix de la main-d'œuvre, autant de points qui touchent à la politique et au gouvernement et que, par conséquent, les statistiques et les notices officielles ne peuvent aborder avec une suffisante liberté d'appréciation.

Ce sont là, cependant, les points les plus importants, les questions les plus graves. Sans doute les richesses naturelles et industrielles d'une colonie lui sont un gage de prospérité. Mais il n'est pas de pays, si riche soit-il, dont la prospérité ne puisse être compromise par une idée fausse, par une erreur, par les fautes du pouvoir qui dispose de son sort. Il n'est pas de pays, si pauvre soit-il, dont la sagesse de ses gouvernants et le labeur de ses habitants ne puissent faire un pays prospère.

Telle est la raison d'être du travail que j'ai entrepris. A côté des splendeurs matérielles de l'exposition indo-chinoise, j'ai pensé qu'il convenait de faire connaître les causes morales, les faits d'ordre social et politique, les institutions et les principes sur lesquels repose l'existence de l'Indo-Chine. J'ai voulu condenser, dans un exposé sommaire et cependant complet, les faits, les chiffres, les documents principaux épars dans l'énormité des statistiques et des archives officielles. A côté de ces constatations, j'ai essayé de placer l'appréciation sincère, loyale et logique des événements, l'explication claire et précise de leurs conséquences.

L'Indo-Chine, depuis dix ans, après avoir subi tant de déceptions, a fait assez de progrès et marché assez vite dans la voie de la prospérité pour qu'il y ait plaisir, en même temps que profit, à montrer les causes de ses anciens échecs et de sa réussite actuelle.

E. BONHOURE.

Les Bahnars (Bas Laos).

L'INDO-CHINE

LES RACES

L'Indo-Chine est, sinon la plus vaste, au moins la plus riche et la plus précieuse des colonies françaises. Elle n'a pas l'étendue immense du Soudan; à peine arrive-t-elle, en comptant les acquisitions récentes dont elle n'a même pas encore pris possession effective, à dépasser la superficie de Madagascar — 850.000 kilomètres carrés contre 735.000; — mais elle a sur nos territoires africains l'avantage d'un climat moins brutal, d'une nature plus généreuse, d'un sol plus fécond et surtout la supériorité morale que lui donne l'héritage des antiques civilisations de l'Asie sur la barbarie universelle de l'Afrique, sur la sauvagerie du nègre, à peine nuancée d'un commencement d'humanité.

Si dédaigneux que soit l'orgueil européen à l'endroit des « races jaunes » — car pour le gros du public et aussi parfois pour « l'homme du monde » tout asiatique est jaune — il faut cependant convenir que l'Inde Brahmanique et la Chine Boudhique ont, chacune de leur côté, porté, aussi loin que le comportaient leurs principes et leurs dogmes, la civilisation correspondante à leur religion. Il y a, en effet, dans toute religion, un *devenir* presque infaillible et mathématique. Des croyances découlent les institutions et les mœurs qui sont les éléments constituants des sociétés. Les dogmes, les rites, les observances créent nécessairement dans les populations un état mental particulier. Les institutions sacerdotales ou guerrières qui, les unes ou les autres et parfois toutes deux ensemble, ont pris possession des peuples à leur berceau, leur ont imprimé un caractère indélébile qui, forcément, a exercé une influence décisive sur leur avenir. Les deux religions qui, jusqu'à Mahomet, se sont partagé l'Asie pendant une série de siècles ont donné tous leurs fruits jusqu'à l'épuisement. La civilisation guerrière, féodale, pour ainsi dire et sacerdocratique de l'Inde,

a produit l'émiettement d'un grand pays en principautés impuissantes et la pulvérisation d'une
immense nation en castes isolées. La grandeur
indienne a péri ; les monuments colossalement
splendides qui nous la racontent ne sont plus
que des souvenirs à peine compris d'un passé
mort ; mais les populations, aujourd'hui réduites
en servitude, conservent encore le pli de soumission, le caractère respectueux et timide dont
les castes supérieures avaient pétri les castes
populaires.

Moins précise dans ses dogmes, plus large
dans sa morale, encore plus théocratique peut-
être dans sa constitution, au moins théoriquement, puisque l'empereur est « l'émanation de
Dieu », la religion chinoise, par cela seul qu'elle
n'était point guerrière et qu'elle proclamait l'égalité des hommes devant la divinité, a produit de
tout autres résultats : Elle a créé un immense
empire, d'une étonnante cohésion, d'une extraordinaire unité malgré l'isolement réciproque
de ses provinces et qui présente ce phénomène
étrange d'une nationalité fortement accentuée
dans un pays où il n'y a pas, à proprement
parler, une nation mais seulement une race.

Cette race pourtant est loin d'être homogène et descend de sources différentes ; mais, façonnée pendant de longs siècles par son institution religieuse, elle en a reçu un caractère uniforme et d'une rare stabilité : Douce, pacifique, patiente, laborieuse, fixée au sol par l'agriculture et, quand elle se déplace par le commerce, ramenée, vivante ou morte, au pays natal pour obéir aux prescriptions sacrées.

Toute guerrière, violente et farouche, la religion musulmane a jeté à travers les couches asiatiques un élément remuant et perturbateur mais impuissant devant la force supérieure que l'intelligence et le savoir ont mis aux mains des nations civilisées entre lesquelles se fait et s'accomplira progressivement le partage de la Chine.

Voilà les faits qu'il faut se rappeler et ne pas perdre de vue si l'on veut bien étudier et bien comprendre l'Indo-Chine. En effet, dans ce pays dont nous avons pris si rapidement la pleine possession, la race boudhique prédomine ; mais les races aryennes y sont largement représentées et l'islamisme compte dans les provinces de Chine voisines de nos colonies un nombre considérable de sectateurs dont les insurrections ont fait res-

sentir au Tonkin leur contre-coup et leurs conséquences. C'est là que se rencontre l'explication
des institutions, des coutumes, des mœurs dont,
soit à titre de conquérants, soit à titre de « protecteurs », nous devons tenir compte dans nos
relations avec les populations indo-chinoises.

LA CONFIGURATION PHYSIQUE
ET LE PEUPLEMENT.

En tant qu'expression géographique, le mot d'Indo-Chine a changé deux fois au moins de signification. Primitivement, il désignait la partie méridionale de l'Asie, qui, limitée au nord par le 23° de latitude et entourée sur tout le reste de son pourtour par la mer des Indes et la mer de Chine, comprenait : La Birmanie, le Laos, le Siam, le Cambodge, l'Empire d'Annam et la presqu'île malaise de Malacca. Par ses vallées et ses rivages occidentaux elle appartenait à l'Inde ; par sa côte orientale et par la vallée du fleuve Rouge elle appartenait à la Chine et dans l'extrémité de la péninsule allongée qui va presque toucher aux îles de la Sonde, elle participait de la Malaisie. Cette idée de voisinage et de mélange s'exprimait en un mot : l'Indo-Chine.

L'intervention de l'Angleterre d'abord, de la France ensuite, changea la situation politique du pays et, par voie de conséquence, le sens du mot. La partie occidentale de la péninsule tomba sous la main ou sous l'influence de l'Angleterre, la partie orientale sous la main de la France. L'ensemble du pays cessa d'être « l'Indo-Chine » et cette appellation se restreignit à ce qui constituait alors l'Empire d'Annam, comprenant à cette époque le Tonkin, l'Annam, la Cochinchine. A l'heure actuelle, depuis l'unification des possessions françaises sous un gouvernement général, en 1887, l'Indo-Chine française — et il n'en existe plus d'autre — comprend les cinq États — on dit officiellement : les cinq pays — du Tonkin, de l'Annam, de la Cochinchine, du Cambodge et du Laos.

Ainsi définie, l'Indo-Chine contient une superficie d'environ 680.000 kilomètres carrés ; à quoi il convient d'ajouter au moins théoriquement les 170 à 200.000 kilomètres carrés qui représentent la région « entre Mékong et Ménam » concédée à l'influence française par les traités de 1893 avec le Siam, de 1896 avec l'Angleterre.

Ce territoire s'étend du 8° 30′ au 23° 25′ de latitude nord et du 97° 40 au 107° de longitude est. Il a pour limites : au nord, la Chine ; à l'ouest, la Birmanie dont il est séparé par le Mékong ; puis une ligne conventionnelle avec le Siam ; au sud, au sud-est et à l'est il est entouré par la mer.

Il se compose presque exclusivement des bassins de deux fleuves : Le Song-Koï, ou fleuve Rouge qui, sauf quelques petites circonscriptions sur la frontière du nord-est, contient tout le Tonkin dont il a formé le Delta ; le Mékong dont les vallées de la rive droite appartiennent encore partiellement à la Birmanie et au Siam, mais dont le Delta forme le Cambodge et les deux tiers de la Cochinchine.

Mais le trait caractéristique, le caractère dominant de ce pays c'est la longue chaîne de montagnes qui, se détachant des hauteurs du Yunnan vers le 25° de latitude, forme une S immense dont la courbe supérieure circonscrit le Tonkin, dont la courbe inférieure enferme la Cochinchine, dont enfin l'arête médiane resserre entre ses pentes abruptes et la mer la partie habitée de l'Annam.

Cette chaîne de montagnes est la cause naturelle la plus puissante qui ait agi sur ce pays.

Elle a contribué même à en former le sol par l'apport puissant des fleuves. Le Tonkin, la Cochinchine et le Cambodge sont, en grande partie, constitués par les limons descendus de ces montagnes. Et les contours des massifs et des plateaux expliquent clairement la composition ethnique des populations, leurs origines, leurs déplacements. Elles expliquent non moins clairement la répartition du peuplement, la densité des populations dans les vallées basses et les plaines à l'embouchure des fleuves, la rareté, l'absence même des habitants dans les hautes vallées et sur les plateaux. Les rivières unissent et les montagnes séparent. Si le Tonkin et la Cochinchine sont peuplés, c'est grâce aux facilités des fleuves ; si le Laos et les hauts plateaux de l'Annam sont presque déserts, c'est grâce aux difficultés de la montagne,

Issu de l'énorme massif du Thibet, le massif du Yunnan dont l'altitude moyenne est à 1.500 mètres se prolonge vers l'Est en un chaînon de médiocre importance qui sépare le bassin du fleuve Rouge, au sud, du bassin de la rivière de Canton au nord ; puis, la chaîne principale de l'Indo-Chine, formant un cercle dont la concavité se tourne vers l'ouest, se dirige au sud-est et vient vers le 19° se rapprocher de la mer à moins de 80 kilomètres. Là se rencontre un point d'inflexion et, sur une ligne presque droite, le faîte des monts court parallèlement à la mer jusqu'au 16°, à la hauteur de Tourane où se rencontre un autre point d'inflexion, à partir duquel la chaîne décrit, du 16° au 8° degré un autre demi-cercle dont la convexité fait face à la mer de Chine.

Sur son versant occidental cette chaîne se couronne de vastes plateaux boisés ou rocheux, à peine habités. De longs chaînons enchevêtrés descendent, formant des vallées secondaires, vers le Mékong. Des massifs d'un large contour marquent l'abaissement des plateaux et donnent naissance à des cours d'eau relativement considérables et d'un cours assez long. Le versant oriental, au contraire, abrupt et entaillé de profondes déchirures, ne donne naissance qu'à des torrents que gonfle l'orage que dessèche le soleil. La « bande orientale » qui constitue l'Annam proprement dit n'est formée que des cônes de déjections de ces torrents et des plaines marécageuses où les eaux stagnantes sont retenues par

le cordon des dunes littorales, des sables pous-
sés par le vent et remués par la mer. Cette
bande étroite de littoral qui, par endroits n'a
pas 20 kilomètres de large et ces plateaux d'une
étendue relativement considérable, forment
l'Annam proprement dit. Au nord, le fleuve
Rouge et son delta, c'est-à-dire le Tonkin ; au
sud, le delta du Mékong, c'est-à-dire la Cochinchine et le Cambodge ; à l'ouest, l'immensité
du Mékong, c'est-à-dire le Laos.

Du côté du nord-est, le peu de hauteur des
montagnes rend le passage facile de Chine au
Tonkin. A l'est, par le littoral, les communications sont quotidiennes. On comprend aisément
que la partie orientale de l'Indo-Chine a une
population d'origine chinoise. A l'ouest, au contraire, c'est avec l'Inde que les communications
ont pu s'établir. Des vallées de l'Iraouaddy et
du Ménam, le passage est relativement facile
dans celle du Mékong. En tout cas, par le littoral, la voie est ouverte ; et il est aisé de comprendre que le peuplement de l'Indo-Chine
occidentale se soit fait par l'immigration de
races brahmaniques. Mais si les populations se
sont groupées et condensées sur les points aisé-

ment praticables du littoral ou de la plaine, elles sont demeurées rares et clairsemées dans les vallées hautes où l'on n'arrivait qu'en traversant des régions difficiles. Les deltas sont d'une extraordinaire densité ; les hauts plateaux et les hautes vallées sont presque déserts et la population s'y trouve mêlée, les fugitifs des pays voisins étant à peu près les seuls immigrants.

Sur la côte méridionale, des populations d'origine malaise ont été sans aucun doute les premiers habitants. Remontant vers le nord, le long de la presqu'île de Malacca, même arrivant par la mer, elles ont occupé le rivage. Plus tard, refoulés vers l'intérieur par les envahisseurs de race mongole venus du nord-est, par les envahisseurs de race brahmanique venus du nord-ouest, ces premiers occupants ont formé des peuplades sauvages auxquelles ont été donnés les noms les plus divers : Moïs en Cochinchine, Muongs, Thôs, Mieus au Tonkin, Bahnars ou Bolovens sur les plateaux de l'Annam, Lao, Thaïs, Khas, Youns, Méos, Hos au Laos. Toutes ces émigrations, en général, sont antérieures aux temps dont l'histoire a gardé le souvenir.

Les dispersions et les mélanges sont tels qu'on ne peut présumer les origines que d'après les caractères ethniques les plus généraux. Il est hors de doute, par exemple, que les Moïs sont de race malaise, que les Cambodgiens Khmers sont d'origine aryenne et brahmanique et les Laotiens de source aryenne fortement métissée de race mongole. Les Muongs du Tonkin, qui forment presque une nationalité sont venus probablement du Laos, et les Thôs se rapprochent davantage du type mongol. Mais toute précision plus complète serait téméraire et il convient de rester dans l'hypothèse.

Caractères géologiques

Les montagnes dont le relief a exercé sur le peuplement de l'Indo-Chine une si grande influence n'ont été reconnues géologiquement que dans leur ensemble.

Leur ossature est, à peu près partout granitique et la couverture schisteuse. L'éruption granitique a disloqué, en les soulevant, les couches du schiste ancien, les a plissées, brisées, obliquement dressées sur les parois latérales des montagnes dont le sommet émerge en plateaux de granit.

Sur la couche des schistes anciens et soulevées avec elles, reposaient des couches plus récentes de grès schisteux et de schistes multicolores, riches en sels de fer. Ces schistes forment souvent à eux seuls de petites montagnes mamelonnées dont la hauteur ne dépasse guère 3 à 400 mètres.

Ils ont été attribués à la période dévonienne par M. Fuchs qui les a étudiées le premier. C'est dans ces schistes que se trouvent les minerais de fer à l'état de fer oligiste, d'hématite, de limonite, de fer spathique.

Dans le Nord de l'Indo-Chine, on trouve sur certains points, au-dessus des schistes dévoniens, une formation de calcaires marmoréens. Au nord et au sud du Tonkin, ces calcaires forment des montagnes peu élevées, mais toujours à pic, sur une ou plusieurs faces, souvent dressées en hautes falaises au bord des cours d'eau. C'est par ce calcaire que sont formés les îlots innombrables épars dans les baies de Ha-long et de Fitz-long[1] Entre eux les navires

1. Ou *Faï-tsi-long*

du plus fort tonnage circulent sans peine, les effleurant de leurs vergues, car la roche s'enfonce à pic dans la mer, comme elle s'élève droit dans les airs. C'est sur le calcaire marmoréen que reposent, en stratifications discordantes, les formations carbonifères.

La houille, d'après ses fossiles, appartiendrait non pas à la période carbonifère mais au terrain rhétien ou infraliasique, placé entre le trias et le jurassique. (*L'Indo-Chine française*, de Lanessan.)

Les grandes plaines qui constituent le delta du fleuve Rouge, comme celles qui s'étendent des embouchures du Mékong à celles de la Rivière de Saïgon, se composent uniquement des apports du fleuve. Le sol en est argilo-siliceux, comme sont forcément les limons descendus de la montagne schisteuse ou granitique ; et l'absence de tous autres matériaux que la vase et les dépôts de limon impalpable les rend faciles à cultiver, partout où l'inondation n'empêche pas la culture.

Les horizons géologiques récemment déterminés seront indiqués au chapitre des *Mines*.

HYDROGRAPHIE

Le Fleuve Rouge. — Le Song-Koï descend des montagnes du Yunnan. Sa source, près de Ta-li-phu, n'est point très éloignée du Mékong. Il coule du nord-ouest au sud-est et traverse d'abord un plateau montagneux, d'une altitude moyenne de 1.500 mètres, coupé de « cluses » ou « cañons » étroits et profonds, où le fleuve n'a pour ainsi dire pas de bords.

En sortant de ce pays désert, il passe à Mang-Hao où vient aboutir la route de Yun-nan-phu au Tonkin. De Mang-Hao à Lao-Kay, le Song-Koï n'est point navigable. De Lao-Kay à la mer, il est aujourd'hui parcouru par des bateaux à vapeur qui font un service régulier de Hanoï a Sontay, Vietri, Hung-Hoa, Yen-Bay et Lao-Kay. De Hanoï à Haïphong d'innombrables chaloupes sillonnent le fleuve et les canaux. On relevait, en 1898, plus de 1.700 voyages.

Cette navigabilité n'a pas été obtenue sans

efforts. Il a fallu faire sauter nombre de roches gênantes, approfondir certaines passes, baliser la route. Des traités passés entre le Protectorat et la Cie des *Correspondances fluviales* ont permis d'atteindre ces résultats.

Le Fleuve Rouge a des crues violentes. Quand elles n'excèdent pas le niveau des digues, elles enrichissent le pays en permettant la culture des rizières. Quand les digues sont rompues, l'inondation devient désastreuse.

Les troubles du Song-Koï déposent assez vite; mais il reste toujours dans ses eaux, après que le limon rouge s'est déposé, des matières organiques en suspension ou même en dissolution qui en rendent l'usage malsain.

Entre Hung-Hoa et Vietri, le Fleuve Rouge reçoit sur sa rive droite le Song-Bô ou Rivière Noire, sur sa rive gauche le Song-Lô ou Rivière Claire. La Rivière Noire vient des plateaux du nord-ouest et sa vallée est le pays des Muongs. Elle serait navigable pour les chaloupes à vapeur, sur une longueur de 150 à 160 kilomètres, n'était le barrage — ou rapides — de Cho-Bo qui, cependant, a été franchi plusieurs fois par de petits steamers, notamment par la chaloupe qui portait M. Pavie en 1888 et qui put remonter jusqu'à Bang-Yen.

La Rivière Claire n'est navigable que jusqu'à l'entrée de la plaine de Tuyen-Quan. Un de ses affluents de gauche, le Song-Gam, navigable pour les sampans dans toute la longueur de son cours, sort des lacs Ba-bé à 300 kilomètres environ au nord d'Hanoï.

A Vietri, ou même à Hong-Hoa, commence le delta du Tonkin, qui forme un triangle équilatéral d'environ 150 kilomètres de côté, coupé par les bras nombreux du Fleuve et par des canaux et dont la base s'étend sur le littoral de Quang-Yen à Than-Hoa. Au-dessous de Son-Tay, le Fleuve Rouge se divise en trois branches, le Cua-Cam au nord, le Lach-Day au sud ; celle du milieu, la principale, qui passe à Hanoï, garde le nom de Song-Koï. Les embouchures sont nombreuses et presque toutes navigables. Les principales sont le Cua-Cam où se trouve le port de Haïphong ; le Cua-Balat, embouchure du Fleuve Rouge proprement dit, qui passe à Hanoï et Nam-Dinh. Au sud, dans le Thanh-Hoa, le Lach-Thiao, embouchure d'un petit fleuve appelé le Song-Ma, se relie au Lach-Day par une branche latérale, et le delta du Song-Ma se confond avec celui du Song-Koï. Le Cua-Cam est la seule embouchure qui puisse donner passage aux navires de haute mer. Ses passes, qui ont été approfondies à plusieurs reprises, ont près de 4 mètres d'eau à mer basse et 6 mètres à mer haute. De nombreux canaux, dont les principaux sont le canal des Rapides et le canal des Bambous, font communiquer entre eux les différents bras du fleuve.

Le Song-Koï est une voie de communication précieuse pour le Tonkin ; mais, pour créer la voie de pénétration en Chine, la navigation n'est pas suffisante. Il y va être suppléé par un chemin de fer.

LE MÉKONG

Le Mékong est le plus grand fleuve de la péninsule indo-chinoise. De sa source à son embouchure, s'il coulait en droite ligne, son cours aurait près de 3.000 kilomètres. Mais les sinuosités immenses qu'il décrit lui donnent un développement de 3.500 kilomètres au moins. Dans sa partie basse, à Pnom-Penh, où commence son delta, la différence de niveau de ses plus hautes à ses plus basses eaux est d'environ 14 mètres, écart formidable qui produit un résultat singulier : l'existence d'un lac immense, le Tonlé-Sap, qui s'emplit et se vide alternativement, suivant le mouvement du fleuve.

Le Mékong prend naissance dans la chaîne de montagnes qui court de l'ouest à l'est le long des frontières de la Chine, descendant des hauteurs du Thibet. C'est de cette chaîne que sortent, par de longs couloirs, resserrés en cluses profondes, en « cañons » étroits, tous les fleuves de la péninsule indo-chinoise : l'Iraouaddy, le Salouen, le — ou *la* — Ménam et le Mékong. Dans une vallée plus basse, mais toujours sur le versant méridional, naît le Fleuve Rouge. Du versant nord descend le Yang-Tsé-Kiang et, presque à la hauteur du Fleuve Rouge, la Rivière de Canton.

De sa source à son entrée sur le territoire Birman, le Mékong s'appelle Lantzan-Kiang. A Xieng-Hong, sur le territoire chinois, mais tout près des frontières du Laos et de la Birmanie, c'est un courant large et paisible de 3 à 400 mètres de largeur. Plus loin, il s'engage dans des défilés rocheux et coupés de fréquents rapides. A 200 kilomètres plus bas, au-dessous de Xieng-Kong, il tourne brusquement à l'est et court dans cette direction pendant à peu près 200 kilomètres, jusqu'à Luang-Prabang. Là, par un détour encore plus brusque, il coule directement au sud, jusqu'à Xieng-Cang, sur un parcours de près de 300 kilomètres. Puis, après avoir décrit de nombreuses sinuosités à Vinh-Tian, à Nong-Kay, à Pone-pissay, il court au sud-est jusqu'à La Khone et de là au sud-franc, par Kemmerat, Pack-Moun, Bassac, Khong et Stung-Treng. De Stung-Treng à Pnom-Penh par Kratié, il incline au sud-ouest.

A Pnom-Penh commence le Delta qui comprend tout le Cambodge et les deux tiers de la Cochinchine.

Jusqu'à Luang-Prabang, le Mékong est absolument innavigable. Mais à partir de Luang-Prabang, la navigation commence, souvent interrompue, il est vrai, par des rapides ou des barrières de rochers dont, à certains endroits, les formes bizarres ont de vagues ressemblances avec des animaux gigantesques accroupis dans le fleuve. De Luang-Prabang à Nong-Kay — ou plutôt à Vien-Tiane — les pirogues seules peuvent passer. De Vien-Tiane à Savanna-Kek, un bief navigable aux chaloupes à vapeur, est desservi actuellement d'une façon régulière, sauf pendant le temps des basses eaux, qui nécessitent des transbordements en pirogue. Un autre bief, d'une longueur de près de 300 kilom., va de Savanna kek à l'île de Khône. Là, par un chemin de fer de 6 kilom., a travers l'île de Khône, un transbordement se fait jusqu'à Khône-sud, d'où les bateaux de rivière peuvent descendre jusqu'à Pnom-Penh, où viennent les bateaux de haute mer. De sorte qu'à l'heure actuelle, les communications sont établies, non sans intermittences, de Luang-Prabang à la mer.

Le delta du Mékong est d'une superficie à peu près triple de celle du delta tonkinois. Il s'étend sur plus de 300 kilom. de large et 250 environ de hauteur, de Pnom-Penh à la mer. Il embrasse les trois quarts du Cambodge et plus des trois cinquièmes de la Cochinchine. Ce sont les dépôts du fleuve qui ont créé cet immense territoire et l'agrandissent encore tous les jours. Les troubles du Mékong ne déposent que lentement parce qu'ils sont composés de limons extrêmement dilués et légers. La faible pente du fleuve, à partir de Pnom-Penh, fait qu'il n'y a plus dans ses apports ni cailloux roulés ni graviers. Les schistes gras et siliceux se fondent et les parties argileuses demeurent presque en dissolution. De sorte que les dépôts s'étendent au loin, jusqu'aux embouchures et au delà. Les plaines du Delta ne s'exhaussent que lentement, demeurent inondées, surtout au moment des hautes eaux. Par contre, sur la côte, au dessous des embouchures et dans la direction de l'ouest, — les courants de mer portant à l'ouest — les atterrissements s'accentuent et les indigènes disent que « la mer se retire ». Les villes de Soc-Trang, Bac-Lieu, Can-mau, étaient autrefois sur le bord de la mer. Elles en sont aujourd'hui très éloignées. Et la pointe de Can-Mau se prolonge vers l'ouest en un banc de vase ténue qui, de jour en jour, s'allonge et émerge de plus en plus. Sur la côte de Soc-Trang, la conquête de la terre sur la mer arrive à 250 mètres de largeur par an.

La nature des dépôts fait que toutes les terres du Delta sont fertiles. Les plaines de la Cochinchine se convertissent aisément en riches rizières.

Les terres de Soc-Trang et de Bac-Lieu sont également productives, tandis que les terrains de la côte ouest, que bordent les hauteurs des collines jusqu'à Kampot, sont à peu près infertiles.

Les embouchures du Mékong sont nombreuses. Deux canaux, faits de main d'homme, font communiquer la branche du sud — celle qui débouche à Soc-Trang — avec le golfe de Siam : Le canal de Chaudoc à Ha-tien, celui de Long-Xuyen à Rach-Gia. Les principaux bras du Mékong sont praticables aux navires du plus fort tonnage qui, dans la saison des hautes eaux, peuvent venir s'amarrer aux quais mêmes de Pnom-Penh.

Les côtes. — La configuration générale des côtes de l'Indo-Chine est déterminée par celle de la grande chaîne de montagnes qui forme son relief. Au nord, le Fleuve-Rouge a rempli la concavité de l'S que décrit la crête des monts. Au sud, le Mékong a colmaté la concavité occidentale. Entre les deux delta, la montagne se rapprochant de la mer, la ligne de la côte, presque droite, le plus souvent bordée de dunes et de marécages, ne présente que fort peu de baies et de rades. Les plus fréquentées sont celles de Tourane, abritée par la presqu'île de Tien-Tcha et celle de Quin-Nhone.

Telle est, dans l'ensemble de sa configuration physique et de son peuplement, la péninsule indo-chinoise. Il résulte de ces conditions matérielles des différences marquées entre ses diverses régions. Le climat varie selon les circonstances particulières à chaque pays : l'abri des montagnes, l'altitude du sol, la direction des vents dominants. La Cochinchine et le Cambodge n'ont pas d'hiver. Le Tonkin et le Laos, au contraire, ont une saison fraîche, où la température descend jusqu'à 10°, 6° et même 3° au-dessus de zéro. De même, quoique le pays, dans son ensemble, appartienne à la zone tropicale, ses productions, sa flore et sa faune, varient selon les climats et les accidents du sol. Aussi convient-il de réserver pour l'étude particulière de chacun des « cinq pays » de l'Indo-Chine toutes ces questions.

LES POPULATIONS ET LES
GOUVERNEMENTS

« C'est la terre qui fait l'homme, » disaient
les anciens. « Chaque terre a des dieux qui lui
« sont propres et des hommes qui sortent
« d'elle. » Et les Romains matérialisaient cette
idée en donnant à chaque endroit son « *genius
loci* » qui, résumant le « goût de terroir », comme
nous dirions aujourd'hui, marquait de son empreinte particulière les choses et les hommes.
j'ai dit déjà comment la configuration du sol
avait amené en Indo-Chine des populations
diverses : aryennes à l'ouest, mongoliques à
l'est, malaises au sud. La configuration du sol,
également, détermina l'assiette que prit dans la
péninsule chacune de ces races. Mais la nature
du pays, les conditions matérielles de l'existence,
l'influence des climats, l'action puissante et
ininterrompue des forces naturelles contre lesquelles l'homme a besoin de se défendre ou qu'il

utilise à son profit, ont profondément modifié la race primitive. L'Annamite actuel se différencie du Chinois, qui fut son ancêtre, par des caractères extrêmement tranchés, et le Cambodgien ne rappelle que de fort loin la race brahmanique.

L'Annamite a gardé du Chinois une certaine dose de force physique et d'énergie morale. Du Malais, il a la souplesse, la gracilité de formes, la gaieté largement insouciante. Le mélange des sangs a blanchi son teint. Il n'a pas la peau rude et foncée du Chinois, ni le jaune clair du Malais. Il a d'ailleurs subi l'influence du sol et de la nourriture. Il est habitant non seulement des plaines, mais des marais, des terres inondées. Le riz étant pour ainsi dire sa raison d'être, son moyen d'existence, sa nourriture et sa richesse à peu près unique, il vit presque toujours dans les terrains inondables, les pieds dans l'eau. Souvent, c'est sur l'eau qu'il habite, dans des villages flottants. Il redoute la montagne dont l'eau, dit-il, est mortelle. ce qui ne laisse pas que d'avoir une part de vérité. Le riz et le poisson font la base de son alimentation. Il en résulte que l'Annamite est rarement gras ou obèse, mais il a du ressort, de la vigueur, de l'élasticité. La vie, en somme, lui est facile, peu coûteuse, ce qui fait que les familles sont nombreuses généralement. Il est relativement laborieux, ce qui dénote une origine septentrionale. Il a de l'intelligence, de la bravoure et un remarquable mépris de la mort. Très sociable, causeur et volontiers railleur, il a, d'ordinaire, l'allure aisée d'un homme policé. Le défaut, on peut dire le vice principal de l'Annamite, c'est qu'il est joueur passionné, complètement incapable de résister aux tentations du « jeu des trente-six bêtes » ou du *ba-couen*. L'éducation est impuissante à détruire ce penchant.

Car, si pauvre qu'il soit et d'humble famille, tout Annamite peut avoir — et il a presque toujours — une éducation. Tous les villages ont leur école gratuite et, sinon obligatoire, au moins presque toujours fréquentée par tous ceux qui sont à portée de s'y rendre. On y enseigne, en même temps que les caractères chinois, la morale et l'histoire du pays. L'Annamite a le sentiment de sa nationalité. La « nation annamite » existe et possède une organisation solide.

Les peuples du Cambodge n'ont rien de pareil. Plus forts, peut-être, physiquement, ils manquent d'énergie, d'activité. Leur organisation sociale est rudimentaire et voisine de la barbarie. Aucune culture intellectuelle, aucune solidarité morale et, par suite, aucun sentiment national, aucune notion de l'idée de patrie. Le Cambodgien est grandement inférieur à l'Annamite, sous tous les rapports. Mais s'il n'en a pas les qualités, il en a les vices, au point que le seul revenu sérieux des rois du Cambodge consistait dans la ferme des jeux, exploitée par les Chinois et qui ruinait le pays.

Les populations du Laos, sauvages ou à peu près, dans la partie montagneuse située entre l'Annam et le Cambodge, ne pouvaient évidemment pas former un état, ni posséder une nationalité. La montagne était leur refuge et non pas leur patrie. Isolées par familles ou groupées dans de misérables hameaux, elles ne pouvaient guère avoir d'autres soucis et d'autres soins que ceux de la vie animale. Même ceux qui, plus favorisés, avaient pu s'établir dans des pays relativement plus faciles, sur les bords du fleuve, les *Khas* des rives du Mékong moyen, vivaient à l'état presque de sauvagerie (Dr Harmand, *Le Laos et les populations sauvages de l'Indo-Chine*, 1880).

Le Laos septentrional, exposé aux invasions chinoises par les vallées du Mékong et du Nam-Hou, mal défendu des agressions birmanes ou siamoises par la faible hauteur des montagnes qui le bornent à l'ouest, a subi de nombreux mélanges de populations, de nombreuses péripéties de conquêtes et de guerres. Les races s'y sont métissées tout en restant distinctes ; non pas qu'il y existât des nationalités diverses, mais parce que chaque groupe de populations demeurait à peu près isolé et parqué sur son territoire. Dans cette fusion, ou plutôt dans cette confusion d'éléments autochtones, hindous, chinois, birmans, et même annamites et malais, car les réfugiés de l'Annam refluaient jusque là, rien ne pouvait ressembler à une nationalité. Des Principautés, des États minuscules, — comme ceux qu'avait produits dans le nord de l'Inde la civilisation brahmanique — se partageaient le pays. Des chefs qui portaient le titre de « *Chaùs* », assistés d'un « second roi », gouvernaient plus ou moins despotiquement ces « *Muongs* », territoires restreints, occupés par de minces peuplades.

Dans ces conditions, les population de la partie

occidentale de la péninsule, menacées d'invasions continuelles, ne pouvaient espérer de l'avenir que des guerres et des servitudes. Les plus heureuses étaient condamnées à la perpétuelle stagnation.

Ainsi les deux civilisations qui, dans les temps anté-historiques, se sont partagé l'Indo-Chine avaient produit là les mêmes résultats que dans les pays d'où elles sont venues. La puissance grandiose des Khmers s'est évanouie sans laisser d'autres traces que des ruines colossales, et il n'est même pas resté un peuple, même pas une peuplade qui garde souvenir de sa grandeur détruite et de sa nationalité disparue; rien que des groupes épars.

La civilisation chinoise, au contraire, a produit un peuple, une nation, un état social et même un empire d'une force et d'une stabilité relatives très remarquables. Du Tonkin et des frontières chinoises jusqu'à la mer de Siam, les populations d'origine chinoise sont des Annamites, c'est-à-dire, au sens chinois du mot : des *Méridionaux*, des « Chinois du Sud ». L'empire d'Annam, vassal de la Chine, constitué sur des bases religieuses et politiques identiques à celles de l'empire chinois, s'est comporté de la même façon, suivant à peu près la même politique, subissant presque les mêmes péripéties et devançant seulement dans l'accomplissement de ses destinées le sort qui, dans un avenir déjà depuis longtemps entrevu, paraît devoir être réservé à la Chine.

Mais si cette civilisation incomplète, rudimentaire, et même puérile par certains côtés, est impuissante à se défendre contre la supériorité des civilisations modernes, elle a des caractères propres, des qualités, des défauts, des particularités d'une intensité et d'une fixité surprenantes, qui assurent la conservation non seulement de la race, mais de son homogénéité, de sa mentalité, de sa conscience nationales. Où qu'il aille, où qu'il vive, le Chinois demeure Chinois ; et l'Annamite de la Cochinchine, comme celui du Tonkin, est et demeure Annamite. Partout il conserve les mêmes idées, les mêmes principes de morale, de mysticité religieuse, les mêmes croyances, vagues, mais d'autant plus respectées. Et les bases de l'ordre social, les principes du gouvernement et de l'autorité sont et demeurent inébranlables ; d'autant plus qu'ils dérivent d'idées simples, logiques et justes en elles-mêmes.

La civilisation annamite, en effet, repose sur une conception très large de la justice et du droit. L'autorité qui vient d'en haut — « le Ciel » et non pas « Dieu » — doit être, comme le Ciel, juste et bonne. Le pouvoir doit appartenir aux plus dignes et on n'y doit arriver qu'en faisant ses preuves de savoir, de compétence et de vertu. Puis, la religion étant, avant tout, le culte des ancêtres, c'est la famille, par suite la tribu, qui doit être la base des institutions. De la première idée est venu le mandarinat ; de la seconde, la commune. Le mandarinat et la commune, c'est toute l'organisation sociale, c'est tout le mécanisme gouvernemental et administratif de l'Annam.

Ces institutions que les peuples occidentaux — sans compter les Américains — volontiers dédaigneux de ce qu'ils connaissent mal, ont méconnues et raillées, sont, au fond très démocratiques et libérales. On s'est figuré communément que le mandarinat constituait une aristocratie, une sorte de noblesse, une caste ou plutôt une superposition de castes privilégiées.

Et, très certainement, l'immense majorité des Européens croit fermement que le hasard de la naissance et le caprice du souverain sont les seules origines des mandarins. On se représente le mandarin comme une sorte de fonctionnaire féodal, riche, puissant, omnipotent, transmettant à ses enfants son pouvoir, ses titres. On est convaincu que la haine des populations environne ces tyrans locaux ; et lorsque nous avons pris possession du Tonkin, les deux grandes préoccupations des premiers gouverneurs de ce pays étaient de « délivrer les Tonkinois des Annamites » d'abord ; puis, de « délivrer les populations de la tyrannie des mandarins ».

Nous avons commis là deux erreurs grossières qui nous ont coûté cher parce qu'elles étaient non seulement la méconnaissance absolue, mais encore la violation la plus maladroite qu'on pût commettre de la constitution et des institutions de l'Annam.

Le mandarinat, en effet, n'est une « aristocratie » que dans le sens étymologique du mot : « le gouvernement des meilleurs. » Il repose sur une série d'épreuves et de concours, destinés à désigner les sujets les plus capables, les plus instruits, les plus compétents parmi lesquels se recruteront les fonctionnaires. Le mandarinat est exclusif de toute hérédité. C'est tout l'opposé de la noblesse. On n'a pas besoin d'être « né » pour devenir mandarin. Le fils du plus pauvre *nha-què*, le dernier des ouvriers, le plus humble des artisans peut être admis au concours et gagner ses diplômes. Le plus haut des fonctionnaires ne saurait transmettre à ses enfants le titre le moins élevé de la hiérarchie. Riches ou pauvres, puissants ou misérables, tous sont soumis aux mêmes épreuves et, s'ils veulent entrer, forcés de passer par la porte du concours.

Par contre, l'instruction n'est refusée à personne. Non seulement elle est gratuite, mais l'État assure l'existence des candidats. Au premier degré, l'école communale ouverte à tous. Les parents des élèves ne paient les professeurs que s'il leur convient. S'ils ne peuvent ou ne veulent, la commune y pourvoit. Au second degré, l'école d'arrondissement où les examens semestriels confèrent aux lauréats l'exemption du service militaire et de la corvée pendant un an. Les seuls lauréats sont admis à l'école du chef-lieu de province dirigée par l'inspecteur des études, *Doc-Hoc*. L'État subvient à l'entretien des élèves sans fortune. Les études durent trois ans au bout desquels a lieu le grand examen triennal. L'Annam, pour l'organisation de ces concours, était divisé en cinq régions. Les examens avaient lieu dans cinq villes : Saïgon, Binh-Dinh, Hué, Vinh et Hanoï. Il était délivré aux lauréats deux sortes de diplômes : ceux de bachelier et ceux de licencié. Les bacheliers sont exemptés définitivement du service militaire et de la corvée. Ils sont de droit admissibles au concours triennal suivant. Mais si dans ce concours ils méritent une note *mal*, ils perdent jusqu'à leur titre de bachelier et doivent, pour le regagner, recommencer toutes leurs études.

Les licenciés, c'est-à-dire la première catégorie des lauréats, ceux qui ont obtenu la note *très bien*, peuvent demander le poste de directeurs d'études ou bien se faire envoyer à Hué, aux frais de l'État, pour s'y préparer au concours du doctorat.

Ce concours a lieu tous les trois ans entre les licenciés venus de toutes les provinces. Les premiers lauréats sont inscrits sur une « tablette d'honneur » et admis à se présenter aux examens de la Cour (*Dinh-Ti*) qui ont lieu dans le palais même du roi. Les trois premiers de ce concours sont pourvus immédiatement d'un poste de lieutenant-criminel en province. Les autres sont nommés docteurs de 2e classe et placés dans un ministère ou une préfecture. Les licenciés qui n'ont obtenu que la « seconde tablette », *Pho-Ban*, ne sont pas admis à l'examen royal et sont nommés sous-préfets, préfets, etc. au fur et à mesure des vacances.

Ainsi tout Annamite, quelle que soit sa naissance, peut arriver aux dignités les plus hautes, à condition de les conquérir par la voie du concours, et son élévation dans la hiérarchie se mesure à l'étendue de ses mérites. Quoi de plus juste, quoi de plus démocratique et de plus libéral ? Aussi lorsque, dans leur ignorance absolue des institutions et des mœurs annamites, nos premiers gouverneurs au Tonkin ont nommé des fonctionnaires indigènes pris au gré de leur caprice en dehors des lettrés, quelquefois parmi les « boys », — domestiques — qui baragouinaient quelques mots de français, l'indignation et le mépris des populations sont allés jusqu'à la révolte devant cette violation scandaleuse des lois les plus sacrées et cette prostitution de l'autorité.

Mais dans cette institution si parfaite en principe, se retrouve le vice capital qui fait l'infériorité si grande de la civilisation chinoise sur la civilisation européenne : L'effroyable complication de l'écriture idéographique rapetisse et stérilise l'institution du mandarinat. La connaissance obligatoire et absolument nécessaire des 15 à 20.000 caractères qui constituent l'écriture et la langue administratives demande de longues années d'étude et de travail. L'école primaire ne donne point d'autre enseignement. L'étude des caractères chinois et quelques maximes morales de Confucius constituent tout le programme de l'école annamite. Ce n'est pas trop de toute la jeunesse d'un homme pour apprendre les 30.000 caractères dont se sert la littérature chinoise. Pour les mandarins annamites, la tâche est encore plus lourde. Ils doivent, en effet, apprendre, en même temps que les caractères, la langue chinoise. Il faut qu'ils puissent les lire indifféremment en chinois et en annamite; car le même caractère ayant le même sens pour l'annamite et pour le chinois, s'exprime par un mot différent dans chacune des deux langues.

On comprend que le cercle des sciences chez les peuples qui pratiquent cette écriture soit on ne peut plus restreint. Depuis l'origine, pendant une série de siècles que l'histoire fait remonter à 2.500 ans avant l'ère chrétienne, rien de nouveau ne s'est ajouté au programme des connaissances chinoises. A peine quelques caractères compliqués ont-ils été introduits pour exprimer non pas des idées mais des faits qui se sont brutalement imposés; mais de la science humaine telle que l'entendent les nations civilisées, rien n'a pénétré dans l'instruction des mandarins, encore moins dans celle du peuple. La morale de Confucius, les règles de la bienséance, le cérémonial des relations officielles et des relations sociales, les formules administratives, les quelques connaissances juridiques nécessaires à la gestion des affaires publiques ou privées, tel est le cercle des connaissances exigées des fonctionnaires. Et la puérilité des questions qui servent de base aux concours triennaux, en dehors des choses administratives, est vraiment attristante. Les notions les plus élémentaires des sciences naturelles et des sciences exactes demeurent inconnues aux lettrés les plus distingués. Géographie, géologie, chimie, physique, mathématiques, le mandarin ignore tout cela et n'en soupçonne pour ainsi dire pas l'existence. Et cet isolement absolu de tout progrès, cette répugnance invincible à tout changement ont immobilisé à jamais cette race et ses institutions dans un conservatisme intangible, incapable de modification. Les jésuites, si puissants cependant et si ingénieux, ont essayé de substituer à l'écriture idéographique une écriture syllabique, le *quoc-ngu*. Tous leurs efforts ont été vains. Les institutions et les programmes d'instruction sont demeurés immuables.

De sorte que cette civilisation, si compliquée et si raffinée sur certains points, demeure barbare, rudimentaire et inexistante sur tout ce qui fait la puissance des peuples modernes. C'est là l'explication suffisante du sort actuel et futur de la Chine.

Mais telle qu'elle est, cette civilisation et ses institutions sont précieuses aux conquérants ou

« protecteurs » qui prennent possession du pays.
Les populations, façonnées à l'obéissance res-
pectueuse envers les fonctionnaires sortis de ses
rangs, dont elles connaissent l'origine, dont elles
reconnaissent la compétence, sont faciles à gouverner par l'intermédiaire des autorités locales
qu'on peut avoir aisément à sa discrétion. Le
système du Protectorat est admirablement appro-
prié à cet état politique et social.

Et l'établissement d'un pouvoir protecteur
n'est pas moins facilité par la seconde des institution fondamentales du pays, je veux dire par
la forte organisation de l'autonomie communale.

La commune est la véritable unité administrative et territoriale de l'Annam. Elle jouit d'une
autonomie à peu près absolue pour la gestion des
affaires locales. Elle est en rapports directs avec
le gouvernement pour toutes les relations administratives. C'est la commune, personne morale,
qui paye à l'État l'impôt direct, dont la répartition entre les contribuables ne regarde point
l'État. C'est la commune qui est chargée du
recrutement militaire et qui demeure responsable
des soldats fournis par elle à l'État. Quand il y
a des déserteurs, la commune est tenue de les

remplacer. La seule police qui existât en Annam avant l'occupation française était celle de la commune, dirigée par le maire. Le maire est élu par les « inscrits », c'est-à-dire par ceux des habitants qui, possédant quelque chose, sont inscrits sur les registres des impôts. Parmi les inscrits sont élus les notables qui sont l'équivalent des conseillers municipaux et à qui sont dévolues toutes les fonctions communales. Les communes nomment des délégués qui élisent les « chefs de canton », « la clé de voûte de toutes les administrations locales du royaume », bien qu'ils soient non pas les représentants du pouvoir royal, mais les élus du peuple et les défenseurs des libertés communales.

Et ces libertés allaient jusqu'au droit de plainte contre tout fonctionnaire coupable de tyrannie ou d'abus. Portée « aux pieds du souverain », c'est-à-dire au Conseil des Ministres, la plainte de la commune avait souvent chance d'être entendue. Les lois et les textes sacrés le prescrivaient, du moins. Cette organisation, si simple et si forte à la fois, se prêtait parfaitement à l'établissement paisible d'une domination nouvelle. Il suffisait de mettre la main sur le pouvoir central et de laisser fonctionner les administrations locales pour avoir la pleine possession du pays.

Mais le pouvoir central était constitué de telle sorte que s'il était facile de l'opprimer et de briser ses résistances ouvertes, il était à peu près impossible d'empêcher ses résistances occultes et d'obtenir, en dehors de lui, l'obéissance des populations.

Comme toutes les monarchies asiatiques, la monarchie annamite était absolue. L'empereur d'Annam, comme l'empereur de Chine, était de droit divin, « fils du ciel », intermédiaire entre ses sujets et la divinité. Mais, malgré son omnipotence officielle, le souverain n'exerçait que bien rarement un pouvoir personnel. Ses fonctions étaient plutôt rituelles. Il était le grand-pontife de la nation. Mais la conduite des affaires publiques était pour ainsi dire au-dessous de sa dignité divine et son pouvoir absolu ne s'exerçait que par l'intermédiaire d'un conseil de ministres — *Co-mat* — composé habituellement de six « régents ». Chacun des régents est assisté d'un conseil sans l'aide duquel ils ne peuvent signer aucun acte officiel. En cas de désaccord entre le régent et son conseil, la question est portée devant le Co-mat.

Le pouvoir du Co-mat est effectif et, parfois, fait échec à la volonté royale. Même il est arrivé plus d'une fois que le Co-mat ait supprimé le monarque. Le jour où le roi Hiep-Hoa, violant les antiques règles du cérémonial royal, accorda audience personnelle à l'envoyé du gouvernement français, sa mort suivit l'audience, une heure après. Les choses ont grandement changé depuis cette date et les habitants de Saïgon ont pu voir récemment l'empereur d'Annam, que jusque là les peuples à genoux n'entrevoyaient que de loin, courir les promenades publiques monté sur une bicyclette.

Sous la main du Co-mat, nommés et révoqués par lui *ad nutum*, les fonctionnaires s'étageaient en une hiérarchie savamment ordonnée. Tout en haut, au premier rang, le *Kinh-Luoc*, vice-roi, gouverneur suprême des grandes parties de l'empire : le Tonkin, la Cochinchine. Au-dessous, les *Tong-Doc*, gouverneurs de province, ayant sous leurs ordres les *phu*, — préfets, — et les *huyen* — sous-préfets. — Enfin, dans chaque province un *Quan-Bo* agent administratif. La justice était rendue par des magistrats nommés *An-Sât* ou *Quan-An*, c'est-à-dire une sorte de lieutenant-criminel du gouverneur de la province. L'*An-Sât* était chargé de la direction des courriers officiels. La poste n'existait pas pour les particuliers.

Pour avoir sous la main toute cette organisation, si simple et si puissante, pour en être fidèlement et fructueusement servi, il suffisait mais il était nécessaire d'obtenir l'assentiment et la soumission sans arrière-pensée, de la Cour et du Comat. Aussi longtemps qu'a duré la politique d'annexion, menaçant de détrôner l'empereur et de supprimer le gouvernement annamite pour leur substituer le gouvernement et l'administration directe des fonctionnaires français, la cour a, secrètement mais avec succès, poussé ses sujets à la révolte. Le jour où, par une entente loyale avec le gouverneur général, les craintes de la cour ont disparu, l'obéissance absolue des mandarins et du peuple nous a été immédiatement acquise et on a pu constater combien la civilisation et l'organisation sociale de ces peuples se prêtaient à l'établissement facile d'une domination étrangère.

La partie occidentale de l'Indo-Chine n'est point dans les mêmes conditions. Les populations cambodgiennes, aryennes d'origine et dérivées évidemment du rameau brahmanique, non sans de multiples mélanges, n'ont point les mêmes qualités et les mêmes traditions que les peuples de l'Annam. Il n'y a pas, à proprement parler, de nationalité cambodgienne ; il n'existe pas non plus d'organisation solidement établie sur la commune et le mandarinat. Les deux rois du Cambodge — cette dualité de rois se retrouve chez toutes les peuplades indo-chinoise d'origine aryenne — sont des rois absolus, auprès desquels il n'existait aucun conseil, aucune autorité intermédiaire et modératrice. Pas plus au Cambodge qu'au Laos, il n'existait un état social qui se rapprochât assez de la civilisation pour garantir aux populations la sécurité, le bien-être, l'abondance qui, seuls, font les nations. De sorte que la population demeurait clairsemée, le pays inculte. Et l'impuissance des gouvernants, la misère des populations, la crainte, d'ailleurs justifiée, de l'invasion siamoise — derrière laquelle se devinait la main de l'Angleterre — ont tout naturellement décidé le roi du Cambodge à accepter le protectorat français, les rois et princes du Laos à le réclamer.

Ainsi, par des raisons différentes, les deux civilisations coexistantes en Indo-Chine ont facilité et assuré l'établissement de la domination française. L'Indo-Chine, désormais, est et demeurera « l'Indo-Chine française ».

———

L'OCCUPATION FRANÇAISE

C'est dans l'espace d'une vingtaine d'années, que s'est accomplie cette prise de possession si complète de l'Indo-Chine par la France. Et, dans la façon dont elle s'est réalisée, dans les mécomptes des premiers jours, dans les rapides succès des dernières années, il y a pour tous ceux qui s'intéressent à la politique coloniale de précieux renseignements et une grande leçon.

Depuis longtemps les convoitises européennes visaient l'Indo-Chine. Les jésuites, en 1610, fondèrent la mission de Cochinchine. Diverses tentatives d'établissements au Siam et au Tonkin furent faites, par Duplessis, en 1681 ; par Venet, en 1686 ; par de Forges (avec cinq vaisseaux et un régiment), en 1687 ; par Dumas, gouverneur des Indes, en 1737 ; par Pierre Poivre qui, en 1749, conclut avec le roi Vo-Vuong un traité autorisant la fondation d'un comptoir à Tourane. Il n'en était rien résulté. Ce fut le vicaire apostolique de Saïgon, Pigneau de Béhaine, qui, le premier, parvint à négocier avec le roi Gia-Long, auquel il avait donné asile dans un moment critique de la lutte qu'il soutenait contre ses compétiteurs au trône, un traité de quelque importance, le 28 novembre 1787. Ce traité n'eut pas de suite sérieuse, la Révolution française ayant détourné sur de plus graves sujets l'attention et les forces de la France. Pourtant, quelques officiers français vinrent apporter à Gia-Long leur concours. Ce fut l'un d'eux, le capitaine Ollivier, qui fortifia Saïgon, Hué, Mytho dont les soldats français devaient, plus tard, prendre d'assaut les forteresses.

Gia-Long avait compris tous les dangers de l'intervention européenne : « Sois reconnaissant aux Français », disait-il à son fils, « mais ne leur permets jamais de mettre le pied dans ton empire. »

L'occasion, cependant, se présenta plus d'une fois. Les démêlés des missionnaires avec les autorités indigènes — et aussi avec les populations — et les massacres qui les accompagnèrent firent paraître souvent le pavillon français sur les côtes indo-chinoises. Enfin, en 1847, les premiers coups de canon furent tirés à Tourane par Rigault de Genouilly, alors capitaine de frégate ; et, en 1858, l'amiral Rigault de Genouilly prenait Tourane d'abord et ensuite Saïgon. L'amiral Page et l'amiral Charner, qui lui succédèrent, manquant des forces nécessaires pour achever la conquête de la Cochinchine, se maintinrent cependant à Saïgon. L'amiral Bonard, ayant reçu des renforts, prit Bien-Hoa, Vinh-Long, réprima une insurrection redoutable à Go-Cong, Rach-Gia, Thioc-Nien et signa, le 5 juin 1862, à Hué même, un traité qui nous concédait en pleine propriété les trois provinces méridionales de la Cochinchine.

Les premiers essais d'organisation ne furent pas heureux. L'amiral Bonard, se défiant des fonctionnaires annamites, les remplaça de son mieux par un personnel, choisi parmi les ambitieux qui venaient offrir leurs services et qui, pour la plupart, n'étant point mandarins, manquaient totalement d'autorité. Des désobéissances et des troubles s'ensuivirent. L'amiral La Grandière, mieux inspiré, constitua un corps d'administrateurs dont il organisa le recrutement. Les créatures douteuses de l'amiral Bonard furent écartées, et ce fut aux autorités élues, aux chefs de canton, aux municipalités des villages qu'on demanda leur concours.

Dès lors, tout devint facile. Les institutions fondamentales du pays — le mandarinat et la commune — étant respectées, les populations se soumirent et se rallièrent. Malgré les tâtonnements, les erreurs, les fautes, — à peu près inévitables d'ailleurs — la prospérité de la Cochinchine s'accrut rapidement et ce fut bientôt la seule colonie française qui pût se suffire à elle-même et qui rendît à la métropole un bénéfice.

Donnant raison aux craintes de Gia-Long, la France, une fois établie à Saïgon, ne tarda pas à étendre la main sur le reste de l'Indo-Chine. Profitant de contestations pendantes entre la Cochinchine et le Cambodge à propos de leurs frontières respectives, l'amiral La Grandière imposa au Cambodge le protectorat de la France par un traité passé le 11 août 1863.

Pendant quelques années, la paix se maintint entre la France et l'Annam. La cour de Hué semblait se résigner à abandonner définitivement les provinces du Sud. Mais, en 1872, de nouveaux incidents se produisirent. Un négociant français, M. Jean Dupuis, remontant le fleuve Rouge, parvenait jusqu'au Yun-nan et passait avec le maréchal Ma, commandant des forces chinoises, des marchés de fournitures diverses : armes, sel, etc. Il ramena du Yun-nan une cargaison d'étain. Mais les mandarins annamites s'opposèrent à toute tentative de M. Dupuis pour remonter le fleuve avec sa cargaison de sel. Sur la demande de M. Dupuis, l'amiral Dupré, gouverneur de la Cochinchine, envoya au Tonkin un de ses officiers, M. Francis Garnier, pour « faire une enquête ». Avec une poignée d'hommes et quelques renforts que fournit l'expédition de M. Dupuis, Garnier, — Garnier et Dupuis pour mieux dire, — prirent d'assaut la citadelle d'Hanoï. En quelques jours les villes principales du Delta furent occupées. Mais la Chine, qui se prétendait suzeraine de l'Annam, poussait contre les Français non seulement ses propres soldats, mais les bandes de « Pavillons noirs », restes de l'insurrection des Taï-Ping. Et Garnier, assiégé dans Hanoï, fut tué dans une sortie. Alors intervint, à la suite de négociations menées par M. Philastre, le traité du 15 mars 1874 par lequel l'Annam reconnaissait le protectorat de la France et se déclarait indépendant de toute autre puissance. La France, en

échange, abandonnait la possession directe du
Tonkin. Il était évident que ce traité nous préparait des difficultés sérieuses avec la Chine.
D'ailleurs l'empereur Tu-Duc, que la suzeraineté
de la Chine inquiétait beaucoup moins que le
protectorat français, écrivait en 1876 à l'empereur de Chine une lettre, rendue publique par
le Tsong-li-Yamen, par laquelle il reconnaissait
et proclamait la suzeraineté chinoise sur l'Annam. En 1878, des bandes chinoises envahis-
saient le Tonkin et la Chine prenait possession des provinces du Nord. En 1882, la France
prit une décision, envoya le commandant Rivière
au Tonkin. La prise d'Hanoï, puis la défaite et
la mort de Rivière — le 19 mai 1883 — furent
le point de départ de la conquête française. Le
23 août, après avoir bombardé Thuan-An, l'amiral Courbet signait un projet de traité que la
France n'a point ratifié. La Chine, officiellement,
réclamait ses droits de suzeraineté sur le Tonkin. On lui répondit par la prise de Son-Tay et
l'occupation du Delta ; et, le 6 juin 1884, un
traité fut conclu avec l'Annam qui, reconnaissant le protectorat français, nous accordait le
droit de « faire la police » au Tonkin et dans
toute l'étendue du royaume d'Annam.

Ce traité qui, virtuellement, subsiste encore bien que les événements en aient tenu peu de compte, contenait des dispositions qui ont fait commettre aux gouverneurs français du Tonkin une erreur féconde en résultats désastreux. Cette erreur, accréditée presque officiellement depuis l'expédition de Dupuis, consistait à considérer le Tonkin et l'Annam comme deux pays différents, dont l'un, le Tonkin, pays conquis, était opprimé par l'Annam, pays conquérant. Le rédacteur du traité de 1884, s'inspirant de cette pensée absolument fausse, avait fait au Tonkin et à l'Annam des situations différentes. L'Annam demeurait autonome, en dehors de notre action gouvernementale. L'impôt y était perçu et les fonctionnaires nommés sans notre intervention, par la Cour d'Annam directement.

Le Tonkin, au contraire, passait sous l'administration directe des autorités françaises. L'impôt devait être « centralisé » aux mains des résidents français. Les services publics seraient payés, avec le produit de l'impôt par l'autorité française, et le reliquat — s'il en restait — pourrait être versé à la Cour d'Annam.

Cette erreur, sur laquelle il faut insister, car

ellé a pesé lourdement sur la politique française au Tonkin, s'aggravait d'une autre méconnaissance du pays, d'une autre idée non moins fausse et non moins dangereuse qui consistait à croire que les populations tonkinoises, regrettant leur nationalité perdue et conspirant pour le rétablissement de « la famille de leurs anciens rois » — la famille des Lé, disait-on — exécraient les mandarins annamites qui les administraient. Ces deux erreurs conduisaient tout naturellement à une politique de « délivrance du Tonkin », c'est-à-dire à une politique d'annexion et d'administration directe.

C'est cette politique erronée et dangereuse qui, de 1884 à 1891, a dirigé la conduite du gouvernement. On s'était même flatté, tant on méconnaissait le caractère et les traditions annamites, que la Cour de Hué se résignerait aisément à l'abandon de « sa conquête » et consentirait à l'annexion du Tonkin. Puis, allant plus loin, on en vint à préconiser non plus seulement l'annexion du Tonkin, mais celle de l'Annam lui-même et aussi, accessoirement, celle du Cambodge.

Une pareille politique n'était pas faite pour

assurer la paix. Elle produisit tout de suite des résultats déplorables : la révolte dans toute l'Indo-Chine et la guerre avec le gouvernement de Pékin.

De septembre 1882 au 6 juin 1884, la France avait occupé le Tonkin. Son-Tay, Bac-Ninh, Thaï-Nguyen, Hung-Hoa ; nous étions maîtres du Delta. Mais partout nous avions rencontré avec les combattants annamites les réguliers chinois. Et ce fut le refus des Chinois de presser l'évacuation du Tonkin qui amena la collision de Bac-Lé (*Hoa-Hoc*) et la guerre avec la Chine.

Il n'est pas nécessaire d'en rappeler tous les incidents : le bombardement de Fou-Tchéou et la destruction de l'escadre chinoise ; l'expédition de Formose, les combats livrés de Hanoï à Lang-Son par le général Brière de Lisle et l'insuccès de Lang-Son qui occasionna la chute du ministère Ferry ; enfin la signature du traité de Tien-Tsin, le 9 juin 1885.

La paix faite avec la Chine, la politique d'annexion fut reprise aussitôt. Le 5 juillet 1885, la citadelle de Hué fut occupée par le corps expéditionnaire du général de Courcy. Se sentant directement menacée, la Cour de

Hué tenta de se défendre. Les régents Thu-Yet
et Thu-Ong attaquèrent dans la citadelle même
les troupes françaises. L'attaque fut victorieusement repoussée, mais la révolte et l'insurrection commencèrent dans tout le pays sous
l'impulsion de Thu-Yet et du roi Ham-N'ghi qui
s'étaient échappés après leur défaite.

Il n'y avait pas à se méprendre sur la politique et sur les projets du général de Courcy.
En effet, le 26 juin, neuf jours avant son entrée
dans la citadelle de Hué, il demandait au ministère de la guerre — et c'est là un point
à noter — l'autorisation d'un « *coup de force* ».
Le 8 juillet, après la fuite de Thu-Yet et de
Ham-N'ghi, les propositions qu'il télégraphiait
à Paris étaient formelles : *la déchéance de la
dynastie, l'annexion pure et simple de l'Annam.*
Il considérait, d'ailleurs, déjà, le Tonkin comme
virtuellement annexé.

Des proclamations lancées au nom du roi
fugitif par Thu-Yet appelèrent le peuple aux
armes, pour chasser l'étranger, venger les
incendies, le massacre des serviteurs du roi,
l'expulsion des trente mille indigènes qui vivaient
autour du roi, dans la citadelle de Hué.

L'insurrection fut sérieuse. Il fallut renoncer à la conquête de l'Annam, négocier avec ce qui restait du Co-mat, introniser un nouveau roi, Dong-Khanh, le 19 septembre, traiter, sous la direction de MM. de Champeaux et Sylvestre, avec le régent Thu-Ong qui n'avait pas voulu prendre la fuite avec Thu-Yet. Un projet de convention fut signé le 30 juillet qui, s'il avait été accepté par la France, aurait abouti certainement à une prompte pacification.

Mais les destinées de l'Indo-Chine étaient encore, à ce moment, dans les mains de l'autorité militaire; et M. le général Campenon, ministre de la guerre, télégraphia non seulement son refus d'accepter la convention, mais le texte d'une convention tout autre, élaborée sans avoir été communiquée à la Cour, pas même aux représentants de la France à Hué, convention beaucoup plus dure que le traité de 1884.

La Cour, exaspérée, se soumit en apparence et, sous main, poussa ses sujets à l'insurrection. Les chrétiens recrutés par les missionnaires furent presque partout massacrés. Le général de Courcy constata lui-même que le Tonkin n'était plus tenable et il en proposa l'évacuation. En même temps, il crut intimider les résistances en exilant Thu-Ong qui mourut prisonnier à Poulo-Condore. Devant cet acte souverainement impolitique, M. de Champeaux donna sa démission. Et quelques jours après, épouvanté des difficultés de sa tâche, M. de Courcy demanda son rappel.

Malgré sa haute intelligence, malgré ses intentions bienveillantes à l'endroit des mandarins, Paul Bert, nommé résident général au Tonkin, subit, lui aussi, l'erreur officielle et, rêvant l'annexion du Tonkin, puis la conquête de l'Annam, il accentua de son mieux la séparation du Tonkin d'avec l'Annam. On avait réussi à lui faire croire que la reine-mère consentirait volontiers à l'abandon du Tonkin en échange de l'abandon par la France du protectorat de l'Annam. Si bien qu'à la fin de septembre 1886, six semaines avant sa mort, il faisait présenter à la Cour un projet de convention dans ce sens. Or, précisément à la même date, le Co-mat adressait à la Résidence générale une lettre officielle dans laquelle il protestait énergiquement « contre les actes contraires au

« traité de 1884 commis en Annam et au Tonkin
« par les agents français. » On était donc bien
loin de s'entendre.

L'anarchie régnait en Annam comme au
Tonkin. Ce fut une période de combats, de
massacres, d'incendies, d'exécutions sanglantes.
Les villages que ne brûlaient pas les révoltés
étaient brûlés par les Français. M. Bihourd, après
un an de résidence générale, se reconnut
impuissant à pacifier le pays. M. Filippini mourut à la peine.

M. Constans, à ce moment, revenait de Pékin
où son ambassade avait réussi. A l'escale de
Hong-Kong, il trouva une dépêche du gouvernement qui lui offrait non plus la résidence générale du Tonkin — situation trop inférieure pour
qu'on pût la lui proposer — mais le gouvernement
général de l'Indo-Chine, conformément à un
décret qu'on venait de prendre, le 17 octobre,
c'est-à-dire cinq jours avant la mort de M. Filippini et douze jours avant le décret qui nomma
M. Constans. Ainsi fut fait le premier pas vers
l'unification de l'Indo-Chine. Trop avisé pour
suivre une politique violente, M. Constans réussit à atténuer les dangers de la situation. Il ras-

sura la cour de Hué, cessa de poursuivre ouvertement l'annexion du Tonkin, obtint pour les Français le droit de posséder des terres au Tonkin et à Tourane. M. Richaud qui lui succéda le 8 septembre 1888, M. Piquet qui succéda à M. Richaud subirent les conséquences des fautes de leurs devanciers. On continua de couper des têtes et de brûler des villages en l'honneur de la politique annexionniste, à laquelle, cependant, M. Piquet paraissait vouloir renoncer.

Cependant, l'envoi en mission de M. de Lanessan, — mai 1887 — préparait l'avénement d'une politique nouvelle. Dans ses conversations avec les régents à Hué, M. de Lanessan avait pu se convaincre que, le jour où la cour serait rassurée sur son existence, respectée dans sa dignité et traitée avec les égards qui lui devaient être accordés, la pacification serait bientôt faite. Il acquit la conviction que les « pirates » du Tonkin, ceux du Delta, tout au moins, n'étaient que des révoltés, des sujets fidèles du roi défendant leur roi contre l'étranger. Si la cour ne leur prêchait pas ouvertement la rébellion, au moins ne la condamnait-elle pas ; et même, il était à peu près sûr qu'elle l'encourageait. Aussi le désordre était-il complet. Malgré les expéditions et les colonnes militaires, la rébellion persistait. Dans les provinces du Nord, les pirates, les Chinois déserteurs, dans les provinces maritimes, les forbans de mer mettaient le pays à sac, et dans le Delta, les villages occupés par les troupes ou simplement soumis à l'autorité française, brûlaient, étaient pillés ou détruits. En même temps, le budget devenait désastreux. D'un côté, les dépenses militaires exigeaient des millions. Et ces millions, employés à détruire, non seulement grossissaient les dépenses, mais supprimaient les recettes. Les villages incendiés, les rizières détruites cessaient de payer l'impôt et même de nourrir le pays. Dans le trésor le déficit, dans le pays la misère et presque la famine, telle fut, de 1889 à 1891, la situation du pays. C'étaient les résultats inévitables des fautes commises.

De retour à Paris, M. de Lanessan parvint à faire comprendre au gouvernement la gravité de ces fautes. Il put convaincre les ministres — et M. de Freycinet le premier — qu'il n'y avait pas en Indo-Chine deux pays distincts, l'Annam et le Tonkin et deux peuples ennemis, mais bien

une seule nation; la nation annamite, un seul
État, l'empire d'Annam, et que la politique
d'annexion éterniserait les révoltes.

Le décret du 21 avril 1891 qui, nommant
M. de Lanessan gouverneur général, lui conféra
les pouvoirs les plus étendus, marqua l'ère d'une
politique nouvelle. L'unité de l'Indo-Chine date,
en réalité, de ce jour-là; de ce jour-là date la
véritable prise de possession de l'Indo-Chine par
la France. Et les progrès immenses que, depuis
cette date, l'Indo-Chine a réalisés attestent que
la « politique du protectorat loyal », la politique
d'unité gouvernementale et d'autonomie administrative était la seule qui pût donner à la puissance protectrice comme à la puissance protégée
la paix, la sécurité, la prospérité.

Ce n'est pas, toutefois, sans résistance que
cette politique nouvelle a pu être pratiquée.
Tout changement heurte des préjugés, blesse des
intérêts. Le régime des répressions militaires et
des dictatures locales favorisait évidemment
l'avancement des officiers et l'indépendance des
fonctionnaires locaux, autocrates au petit pied
dans leurs circonscriptions. La centralisation
administrative qui mettait à la discrétion des

bureaux du Ministère les nominations à peu près arbitraires de presque tous les fonctionnaires coloniaux, recevait, par le décret du 21 avril, une atteinte telle qu'il était impossible qu'elle ne fût pas cruellement ressentie. Et cependant, malgré la disgrâce de M. de Lanessan et son brusque rappel le 29 décembre 1894, malgré le succès momentané des annexionnistes belliqueux, la politique inaugurée par M. de Lanessan, acceptée ou plutôt subie forcément par M. Rousseau, reprise et complétée par M. Doumer, s'est imposée par sa justesse, par ses résultats et par l'acquiescement absolu des populations indo-chinoises.

L'effet de cette politique fut, d'ailleurs, éclatant et immédiat. Après quelques jours d'explications loyalement données, après les premières dispositions prises, la cour de Hué, qui connaissait depuis 1887 les vues de M. de Lanessan, lui donna la preuve de la plus sincère soumission en publiant une proclamation de l'empereur, scellée du sceau impérial — que jusque là les gouverneurs généraux ne connaissaient pas — ordonnant à tous ses sujets de déposer les armes, de rentrer dans l'ordre et d'obéir au gouverneur général. Tous les rebelles aussitôt désarmèrent. En moins de trois semaines, le Delta fut pacifié, tant il était vrai qu'il s'agissait d'une insurrection approuvée par la cour et non pas d'un brigandage de pirates. Dans le nord et à l'ouest, sur la frontière chinoise, la piraterie continuait. Elle était assez intense pour que les autorités militaires fussent, un instant, convaincues que la Chine envahissait le Tonkin avec des troupes régulières. M. de Lanessan divisa ces régions en quatre « territoires militaires », y fit ouvrir des routes, créer des postes fortifiées et la répression de la piraterie put être poursuivie avec succès.

Ce n'est point ici le lieu de faire par le menu l'historique du gouvernement de M. de Lanessan et de ses successeurs. Dans les monographies consacrées à chacune des parties de l'Indo-Chine, nous en constaterons les actes et les résultats. Mais il était nécessaire de faire bien comprendre l'importance des directions politiques suivies par les pouvoirs qui se sont succédé en Indo-Chine de 1872 à 1899 ; de souligner les conséquences désastreuses de la politique violente, des coups de force et des erreurs annexionnistes ; de souligner, au contraire, les résultats heureux obtenus depuis 1891 par la politique de protectorat loyal.

Cette politique dont le point de départ était la subordination du pouvoir militaire au pouvoir civil, c'est-à-dire la substitution des moyens pacifiques aux procédés violents, eut bientôt démontré sa supériorité par la balance du budget. Depuis qu'il existait un budget au Tonkin, c'est-à-dire depuis le 7 juin 1883, date de la nomination de M. le Dr Harmand comme « commissaire général de la République française au Tonkin » le déficit demeurait continu. La métropole avait à peine soldé les dettes d'une année qu'il fallait lui demander 8, 12, 13 millions pour équilibrer l'année suivante. Mais, à partir de 1891, le déficit disparut et le budget de l'Indo-Chine n'a plus connu que les excédents de recettes. Quelques chiffres suffiront à préciser ce changement.

En 1889, le déficit avait atteint le chiffre de 2.392.000 francs, rien que pour l'Annam central.

En 1890, il s'élevait à 1.519.384 piastres, ce qui faisait, la piastre valant à cette époque 4 francs environ, près de 6.100.000 francs. A la fin de 1890, le déficit de l'Indo-Chine arrivait à plus de

12 millions. Le budget de 1892, au contraire, se solda par 358.911 piastres d'excédent. Celui de 1893 que, cependant, on avait grevé de travaux publics considérables, se solda par un excédent de 148.124 piastres ; celui de 1894 par 200.000. A l'heure actuelle, l'Indo-Chine possède dans ses caisses une réserve de plus de 5 millions, produits des excédents successifs de ses budgets.

On a fait de la bonne politique ; on a obtenu de bonnes finances.

En même temps, notre domaine s'agrandissait. Pendant qu'au Tonkin, dans les territoires militaires, nous prenions possession effective du pays en construisant des routes, en établissant des postes, les envahissements des Siamois dans la vallée du Mékong obligèrent la France à intervenir.

De tout temps le Laos, pris entre la Chine, l'Annam et le Siam, a été l'objet d'invasions réitérées. Dès le xve siècle, la Chine dévastait le pays ; l'Annam en avait fait la conquête et les Siamois, à diverses reprises, avaient occupé Tien-Viane, puis Luang-Prabang. En 1891, ils intronisèrent par la force le fils du premier roi.

Ils avaient passé le Mékong, occupé Stung-Treng et, sans s'occuper d'autre chose que de lever des contributions, ils poussaient leurs empiètements vers l'est. La cour d'Annam protesta, demanda l'intervention de la France. Des mesures furent prises avec prudence et fermeté pour contraindre pacifiquement les Siamois à évacuer la rive gauche du Mékong. Le guet-apens où fut assassiné l'inspecteur Grosgurin obligea le gouvernement à agir vigoureusement. Les canonnières françaises l'*Inconstant*, et la *Comète*, furent envoyées à Bangkok pour appuyer l'ultimatum que M. Pavie, consul de France au Siam, avait remis au roi. L'ultimatum n'ayant pas été accepté, les navires français forcèrent la passe et vinrent mouiller devant Bangkok, à côté du *Lutin* qui gardait déjà le consulat de France. Un nouvel ultimatum, plus dur que le premier, fut présenté et accepté. Il contenait les conditions suivantes : 1º occupation par la France de Chantaboun jusqu'à complète évacuation par les Siamois de la rive gauche du Mékong ; 2º interdiction au Siam d'entretenir des forces militaires à Battambang et Siem-Réap et d'établir des postes fortifiés à moins de 25 kilomètres de la rive du Mékong ; 3º interdiction d'avoir des bateaux armés sur le Grand lac (Tonlé-Sap).

Ces conditions ont été converties en un traité signé le 1er octobre 1893. Et comme l'Angleterre, au nom des États Birmans, — et aussi « dans l'intérêt du Siam » — élevait des contestations sur la délimitation des frontières, demandant la création d'un « État tampon », des négociations furent engagées qui aboutirent à un traité, le 15 janvier 1896. Ce traité reconnaissait à la France la peine possession du Muong-Hou. Il neutralisait « le territoire situé au nord du bas- « sin du Ménam entre la frontière anglo- « siamoise, le Mékong et la limite orientale du « bassin du Mé-Ing ». La zone de 25 kilomètres et la neutralisation de Battambang et Siem-Réap étaient également reconnues. Le Laos apparte- nait désormais à la France. Et ce fut avec un véritable sentiment de joie que les Laotiens accueillirent cette domination nouvelle qui leur assurait la paix, la sécurité, la justice.

La rue Catinat à Saïgon.

LE GOUVERNEMENT GÉNÉRAL

L'unité indo-chinoise date du 21 avril 1891.

Les décrets de 1887 avaient établi un gouverneur général, mais non pas un gouvernement. L'union budgétaire n'était faite que pour les dépenses. Les recettes se composaient uniquement de « subventions » demandées à la métropole et aux différents États qu'on laissait subsister en Indo-Chine et dont on confirmait l'existence particulariste en leur demandant une contribution prélevée sur leurs budgets locaux. D'autre part, les attributions et les pouvoirs du gouverneur n'étaient point exactement définis et la direction politique demeurait toujours aux bureaux du ministère. Le décret du 21 avril inaugura toute une organisation nouvelle. Il disait dans son article 1er :

« Le gouverneur général est le dépositaire
« des pouvoirs de la République dans l'Indo-
« Chine française. Il a seul le droit de corres-
« pondre avec le gouvernement. Il communique

« avec les départements ministériels sous le
« couvert du ministre chargé des colonies,
« etc. »

Dans les articles 2 et 3, se trouvent définies
les attributions du gouverneur quant au personnel. Le gouverneur a la nomination de tous les
fonctionnaires, sauf les chefs de service qui sont
nommés par décret sur sa présentation. L'article 4 — le plus essentiel peut-être — mettait
l'autorité militaire sous les ordres du gouverneur.

C'était, au point de vue politique, un grand
progrès, une révolution bienfaisante. Mais au
point de vue matériel, je veux dire financier
et économique, la réforme demeurait insuffisante.
Avec ce décret, le gouverneur pouvait pacifier
le pays, rétablir la sécurité ; mais il ne lui était
pas possible de travailler efficacement à la prospérité du pays en lui donnant l'outillage économique dont il avait besoin. Le Tonkin, devenu
pour les masses populaires un épouvantail, une
sorte de « bête noire », avait coûté trop cher —
il venait encore d'absorber 13 millions en acquit-
tement de son déficit — pour qu'on pût lui
donner de l'argent et pour qu'on osât lui per-

mettre un emprunt : « Ne nous demandez pas
un centime, » avait dit le ministre au gouverneur
général. De sorte que, pour faire face aux travaux urgents — le casernement des troupes, la
création d'hôpitaux, l'assainissement des villes,
etc. — M. de Lanessan dut recourir à des con-
trats de concession, à des entreprises payées par
annuités. Il ne recula pas devant les responsabi-
lités et prit hardiment les initiatives nécessaires.
Plus tard ces initiatives lui furent reprochées.
Couvert par la régularité de ses actes, il fut,
d'autre part, amnistié par le succès. Mais il y
avait là une situation précaire pour le gouvernement, une cause d'impuissance et de stagnation.

Cependant, la paix rétablie, le budget équili-
bré, la confiance revenait et le successeur de
M. de Lanessan, bénéficiant de ses efforts, put
obtenir l'emprunt de 80 millions nécessaire à
l'entreprise des grands travaux publics et notamment des chemins de fer du Tonkin.

Mais le chiffre était insuffisant et à la mort
de M. Rousseau — le 10 décembre 1896 —
l'œuvre inachevée demeurait en souffrance.
D'autre part, l'organisation administrative et
financière de l'Indo-Chine, incomplète et com-

pliquée par la multiplicité des gouvernements locaux, exigeait une prompte modification. Le nouveau gouverneur général, M. Doumer, — nommé le 27 décembre 1896 — après avoir patiemment préparé l'unification de l'Indo-Chine — notamment par la suppression du *Kinh-Luoc* ou vice-roi qui différenciait le Tonkin de l'Annam — obtint enfin, le 31 juillet 1898, un décret qui, créant un « budget général de l'Indo-Chine », réalisa définitivement l'unité indo-chinoise. Et, à la suite de ce décret, l'Indo-Chine unifiée put obtenir, le 20 décembre 1898, l'autorisation de contracter, pour achever ses travaux publics, un emprunt de 200 millions dont ses finances assuraient, désormais, le remboursement facile.

Par le décret du 31 juillet 1898, l'Indo-Chine devint un État fortement constitué, où tous les droits régaliens se trouvaient placés dans la main du gouvernement central, où le budget général réunissait toutes les recettes et toutes les dépenses de souveraineté. Ces dépenses « d'intérêt commun » devaient être « arrêtées par le gouverneur en conseil supérieur de l'Indo-Chine ».

Ce conseil qui, dans une certaine mesure, joue

le rôle d'un parlement colonial — non élu — a été institué par les décrets successifs des 17 octobre et 19 novembre 1887, — au moment où M. Constans fut nommé gouverneur général — réorganisé à plusieurs reprises par les décrets des 7 décembre 1888, 26 août 1889, 3 juillet 1897 et 8 août 1898.

Il se compose, aujourd'hui, des membres suivants :

Le gouverneur général, président ;

Le général commandant en chef les troupes ;

Le contre-amiral commandant en chef la division navale d'Extrême-Orient ;

Le lieutenant-gouverneur de la Cochinchine ;

Les résidents supérieurs du Tonkin, de l'Annam et du Cambodge ;

Un représentant du Laos désigné par le gouverneur général ;

Le directeur du contrôle financier ;

Le chef du service judiciaire en Indo-Chine ;

Le directeur des douanes et régies de l'Indo-Chine ;

Le président du conseil colonial de Cochinchine ;

Les présidents des chambres de commerce de Saïgon, Hanoï et Haïphong ;

Les présidents des chambres d'agriculture de la Cochinchine et du Tonkin ;

Les présidents des chambres mixtes de commerce et d'agriculture de l'Annam et du Cambodge ;

Deux notables indigènes ;

Le chef de cabinet du gouverneur général, *secrétaire*, avec voix délibérative.

Les membres indigènes sont désignés chaque année par le gouverneur général.

Bien que Saïgon soit officiellement la capitale de l'Indo-Chine, la session du conseil supérieur ne se tient pas obligatoirement à Saïgon. Sa tenue est accompagnée de grandes solennités et fêtes officielles. En décembre 1897, il a siégé à Saïgon — où vint à cette époque S. M. Than-Thaï, empereur d'Annam qui s'y montra fort disposé à adopter les mœurs européennes. — En septembre 1898, ce fut Hanoï qui reçut le conseil ; et en octobre 1899, la session se tint à Pnom-Penh où se rendirent, à cette occasion, les deux rois du Laos.

Le gouverneur général est également assisté d'un « Conseil de défense de l'Indo-Chine » où siègent, sous sa présidence, le commandant en chef des troupes, vice-président, le commandant en chef des forces navales, l'officier supérieur commandant les troupes sur le territoire où se réunit le conseil, le chef du service administratif, le chef des services de l'artillerie, un chef de bataillon ou d'escadron, secrétaire et le chef de l'administration de la province où siège le conseil. Ce membre, lieutenant-gouverneur ou résident général, « prend rang après le commandant en chef des forces navales ».

Dans cette organisation, « les cinq pays » autrefois distincts et autonomes, même après le décret de 1887, deviennent des provinces, de grands départements, administrés par des préfets qui portent le titre de lieutenant-gouverneur en Cochinchine, de résident supérieur dans les autres pays. Ces fonctionnaires, outre les relations politiques ou diplomatiques avec les souverains des pays de protectorat, ont la charge des budgets locaux et de l'administration provinciale. Depuis le décret du 31 juillet 1898, leur rôle s'est considérablement amoindri; jusqu'alors c'étaient presque des vice-rois ; depuis lors, et surtout depuis l'arrêté du 18 février 1899, ce ne sont plus que des sous-ordres, de rang supérieur, il est vrai, mais étroitement subordonnés. Les services généraux en effet, c'est-à-dire les services militaires, les services maritimes, les services judiciaires, la direction des affaires civiles, les directions du contrôle financier, de l'agriculture et du commerce, des travaux publics, les administrations des douanes et régies, des postes et télégraphes sont placées sous l'autorité directe du gouverneur général. Et s'ils « exercent, auprès des autorités indigènes, les attributions conférées au représentant de la République française par les traités et conventions » s'ils ont une « action directe sur le personnel des services locaux », s'ils préparent le budget local, si, d'une façon générale, ils disposent d'un pouvoir quelconque, c'est toujours en sous-ordre et « par délégation permanente du gouverneur général ».

Cette centralisation du pouvoir rendue nécessaire par les tiraillements et les conflits qui, plusieurs fois, s'étaient produits d'une administration à l'autre, entre militaires et civils surtout et parfois entre les résidents supérieurs, a été réalisée par une série de décrets et d'arrêtés organisant les services généraux : 20 janvier

1899, création d'une direction des affaires civiles au gouvernement général ; 2 mars 1899, fixant les attributions du cabinet du gouverneur général ; 4 mars 1898, créant une direction de l'agriculture et du commerce ; 1er mars 1899, organisant cette direction ; 9 septembre 1898, organisant le service des travaux publics ; 30 décembre 1898, organisant le service de la douane et des régies ; 8 août 1898, organisant le service de la justice. On voit que l'organisation gouvernementale est complète et que, seules, les affaires purement locales demeurent dans la compétence des résidents généraux. Peut-être même cette centralisation est-elle, sur quelques points, un peu excessive, étant données les différences profondes que la diversité des races et des mœurs a établies et maintient entre les divers pays. Mais à la condition qu'on n'exagère pas cette centralisation jusqu'à la rapprocher du pouvoir personnel, l'expérience et la pratique en atténueront certainement les quelques défauts.

Le budget général. — L'organisation financière est, naturellement, calquée sur l'organisation politique. Le décret du 31 juillet 1898 qui

créa le budget général de l'Indo-Chine, porte que
« les dépenses d'intérêt commun à l'Indo-Chine
« sont inscrites à un budget général arrêté au
« conseil supérieur de l'Indo-Chine, par le gou-
« verneur général, et approuvé par décret rendu
« en conseil des ministres, sur la proposition du
« ministre des colonies. »

« Le budget général de l'Indo-Chine pourvoit
aux dépenses : 1º du gouvernement général et
des services qui en dépendent directement ;
2º de l'inspection mobile des colonies ; 3º de la
portion des services militaires mis à la charge
de l'Indo-Chine ; 4º du service de la justice française ; 5º des administrations des douanes et régies
et autres contributions indirectes ; 6º des travaux
publics et d'intérêt général dont la nomencla-
ture sera arrêtée chaque année par le gouverneur
général, en conseil supérieur de l'Indo-Chine, et
approuvé par le ministre des colonies ; 7º du
service des postes et télégraphes.

Pour faire face à ces dépenses, le budget général dispose : des recettes des douanes et régies ;
des contributions indirectes et taxes diverses.

Les budgets locaux doivent pourvoir : aux
dépenses de trésorerie ; aux frais de perception

des impôts directs et assimilés ; aux travaux publics d'intérêt local ; aux dépenses de la colonisation, de l'instruction publique, des services médicaux, de la police, de la justice indigène, des services pénitenciaires et, en général, des services locaux.

Toutes les recettes qui n'ont pas été attribuées au budget général appartiennent aux budgets locaux. Disons, en passant, que les pays — comme le Laos — qui n'ont pas de recettes suffisantes pour couvrir leurs dépenses, reçoivent sur le budget général, une subvention « d'équilibre ».

Parmi les recettes des « régies », il faut compter la ferme de l'opium. Cette ressource a donné lieu à d'assez bruyantes critiques pour mériter une attention spéciale.

Créé en 1887, par M. Bihourd, le monopole de l'opium fut renouvelé en 1890 par l'administration centrale, moyennant une augmentation du prix de ferme. Mais il avait de tels inconvénients que sa suppression s'imposa, tout au moins au Tonkin où la proximité de la frontière chinoise facilitait la contrebande et produisait la piraterie. En janvier 1893, il fut racheté et converti en régie au Tonkin, conservé comme fermage en Annam central. Dans l'année qui suivit le rachat, la régie au Tonkin produisit 950.000 piastres, c'est-à-dire un bénéfice de 200.000 piastres sur le prix de l'annuité du rachat.

Les tarifs de douane sont fixés par la loi du 11 janvier 1892 et le décret du 29 novembre de la même année promulgués en Indo-Chine, le 3 janvier 1893.

Les taxes indirectes portent sur les alcools, le sel, les tabacs, les huiles minérales, les légumes secs, l'arec, les allumettes, enfin la taxe à la sortie des riz. Le produit de ces taxes est évalué pour l'exercice 1900 à 13.500.000 piastres — la piastre étant comptée à 2 fr. 40. — Sur cette somme les alcools européens doivent donner 350.000 piastres, les alcools indigènes, 2.500.000, la régie de l'opium 6.000.000 de piastres, — ce qui mérite quelque attention, l'opiomanie étant en Extrême-Orient ce qu'est l'alcoolisme en Europe. — Les tabacs ne donnent que 150.000 piastres, les sels 2.200.000, la taxe à la sortie des riz 1.800.000.

Les douanes figurent aux recettes pour 5.800.000 piastres.

Le taux des taxes indirectes est relativement assez élevé, surtout sur l'alcool qui paie 2 fr. 50 par litre d'alcool pur sans que la perception puisse être inférieure à 1 fr. 75 par litre de liquide. Le tabac paie : en cigares, 1 piastre 50 le kilog ; en cigarettes et tabacs européens, 75 centimes ; en feuilles et en tabacs chinois, 50 centimes. — Les huiles minérales, 4 francs les 100 kilog. Les sels par picul (60 kilog) en gros, 20 centimes ; en détail, 25 centimes.

Le budget général pour l'exercice 1900, tel qu'il a été arrêté en conseil supérieur, à Pnom-Penh, le 20 octobre 1899, s'élevait, savoir :

En recette, à............ 20.803.000 p.
En dépense, à........... 20.796.000 p.
Excédent prévu..... 7.000 p.

Il est à remarquer que la valeur de la piastre continue à baisser. En 1864, elle était de 5 fr. 50. En 1892, elle était de 4 francs. En 1897, elle était tombée à 2 fr. 70. Au budget de 1900, elle n'est comptée que pour 2 fr. 40

Dans les dépenses figurent : 2.615.739 piastres pour annuité de remboursements de dettes et emprunts. On a compris dans cette somme non seulement l'annuité afférente aux 50 millions déjà réalisés sur l'emprunt de 200 millions autorisé par la loi du 20 décembre 1898, mais l'annuité nécessaire pour assurer le service de la seconde série de l'emprunt — soit 50 millions que le protectorat émettra à sa convenance. Pour 50 millions, l'annuité, intérêts et amortissements compris, est de 867.083 piastres, soit 2.081.000 francs

On a donc porté au budget la somme de 1.734.166 piastres, soit 4.162.000 francs.

Les services militaires prennent 4.050.000 piastres. Ils ont été augmentés, en 1898, de 195.000 piastres destinés à créer quatre nouveaux régiments de tirailleurs annamites, une compagnie de tirailleurs cambodgiens — jusqu'en 1898, la force armée du Cambodge ne dépassait pas une cinquantaine de miliciens encadrés de six Européens — et un escadron de chasseurs annamites. Il a été consacré une somme de 315.000 piastres au relèvement de la solde des sous-officiers ; et la gendarmerie, qui cesse d'être à la charge de la métropole, a été dotée de 178.000 piastres. La gendarmerie, en Indo-Chine, jouit d'un prestige considérable, et son caractère bienveillant, conciliant et paternel lui a valu auprès des indigènes une grande popularité.

Le chapitre XVII (dépenses diverses) englobe dans son total de 835.358 piastres une somme de 532.500 piastres qui sont la contribution de l'Indo-Chine aux dépenses du Laos.

Les travaux publics — services ordinaires — absorbent 3.386.000 piastres, en dehors, bien entendu, des crédits extraordinaires pris sur l'emprunt et affectés aux chemins de fer.

L'Administration des douanes et régies coûte 4.445.000 piastres. La dépense du personnel est de 1.780.733 piastres, c'est-à-dire à peu près 10 %, du produit de l'impôt, les recettes des douanes et régies se montant ensemble à 9.300.000 piastres.

L'achat de l'opium absorbe 1.600.000 p. Les frais de sa fabrication se montent à 415.267. Les recettes étant de 6.000.000, on voit que le bénéfice net est d'environ 4 millions de piastres.

Ces chiffres sont ceux des *prévisions*. Ils majorent de 2.860.000 piastres les recettes effectuées en 1898. Mais l'augmentation des recettes sur les prévisions de 1899 a justifié déjà cette majoration et il n'y aura certainement pas de mécompte.

J'ai dit que les réserves du Tonkin et de l'Annam (budgets locaux) se montaient à plus de 2 millions de piastres. Celles du Cambodge se rapprochent d'un million. On espère que le règlement du budget général de 1899 permettra de constituer une réserve pour l'Indo-Chine.

Les budgets locaux trouveront leur place dans les notices spéciales consacrées à chacun des cinq pays.

LES GRANDS SERVICES

Les services militaires de l'Indo-Chine sont sous la direction d'un général de division commandant en chef. Il y a une direction d'artillerie du Tonkin et une de Cochinchine. Le Tonkin possède quatre batteries de montagne et deux batteries à pied. La Cochinchine a une batterie à pied et une montée. L'armée de terre se compose de trois brigades dont chacune comprend un régiment d'infanterie de marine, un ou plusieurs bataillons des régiments étrangers, et un ou plusieurs régiments de tirailleurs annamites ou tonkinois. Les dispositions budgétaires prises au budget de 1899 et continuées à celui de 1900 permettront d'avoir une réserve qui, lorsqu'elle sera au complet, se composera de 7.500 hommes. Telle qu'elle est constituée, la force armée en Indo-Chine est suffisante pour faire face à toutes les éventualités qui peuvent se produire. Depuis l'adoption d'une politique de protectorat loyal et point conquérant, il n'y a plus lieu de prévoir une insurrection. Et les attaques qui peuvent venir du dehors rencontreraient une résistance qui ne serait point facile à surmonter. En l'état, le corps d'occupation se compose de 8.000 hommes de troupes européennes et 14.000 de troupes indigènes. La police du pays est faite par la garde civile, au nombre de 4.800 hommes, dont les cadres sont européens. Les autorités annamites ont à leur disposition pour la police locale environ 5.000 hommes de milices indigènes — *linh-co* et *linh-lè* — créées en 1892 par M. de Lanessan.

La création d'un commencement de force armée au Cambodge n'a point été superflue. Le voisinage du Siam n'est pas sans quelques désagréments et il est utile d'avoir toujours sous la main une force de police capable de maintenir l'ordre et d'imposer le respect.

ARMÉE DE MER

L'Indo-Chine est sous la protection de la division navale d'Extrême-Orient. Cette division se compose d'un cuirassé de croisière, d'un croiseur cuirassé, d'un croiseur de première classe, de deux croiseurs de seconde classe, de deux canonnières et d'un transport. La division navale de la Cochinchine et la défense mobile de Saïgon se composent, outre le ponton *la Triomphante*, de cinq canonnières, dont une cuirassée. Rappelons que pour forcer le Siam à demander la paix, il a suffi, en 1893, de trois canonnières qui forcèrent la passe de Bangkok.

La « station locale du Tonkin et de l'Annam » à Haïphong, — se compose, outre *l'Adour*, ponton où se trouve le centre administratif, — d'un croiseur de troisième classe, d'un aviso de deuxième classe et de deux chaloupes canonnières.

L'arsenal de Saïgon — qui possède un bassin de radoub important — est déjà considérable et va recevoir un développement sérieux. Les crédits demandés pour faire de Saïgon un point d'appui de la Flotte dépassent trois millions.

Il existe à Haïphong des ateliers maritimes très importants. Il y a lieu de penser que, prochainement, le développement du port de

Pnom-Penh et la navigation sur le Mékong nécessiteront la création d'une force navale au Cambodge.

LES SERVICES CIVILS

Direction des affaires civiles. — La direction des affaires civiles est confiée actuellement à un commissaire de la marine, directeur. Elle a un bureau des affaires administratives ; un bureau de la comptabilité. La direction est à Saïgon.

Conlrôle financier. — La direction du contrôle financier n'a qu'un directeur, inspecteur général des colonies, et un bureau.

SERVICE JUDICIAIRE

Le service judiciaire est placé sous la direction d'un procureur-général près la cour de Saïgon.

Jusqu'en 1898, il y avait deux cours d'appel en Indo-Chine : l'une à Saïgon, l'autre à Hanoï. Aujourd'hui, l'unité se trouve faite, dans la justice comme dans le gouvernement. Il n'y a plus qu'une seule cour d'appel qui a trois chambres : deux à Saïgon, une à Hanoï.

Il existe en Indo-Chine trois tribunaux de commerce mixtes, à Saïgon, Hanoï, Haïphong ; un tribunal de première instance (hors classe) à Saïgon ; quatre tribunaux de première instance (1re classe) à Mytho, Vinh-Long, Hanoï et Haïphong et sept tribunaux de deuxième classe à Bentré, Chaudoc, Tra-vinh, Soc-Trang, Long-Xuyen, Cantho et Pnom-Penh. Plus une justice de paix à Saïgon et quatre justices de paix à compétence étendue à Tay-Binh, Bien-Hoa, Bac-Lieu et Tourane.

Au criminel, c'est la chambre des mises en accusation de Saïgon qui connaît des instructions relatives aux crimes commis en Annam et au Tonkin par des Européens et assimilés, lesquels crimes étaient autrefois sous la juridiction des cours criminelles de Hanoï et Haïphong. La chambre criminelle d'Haïphong est supprimée. Celle d'Hanoï se compose de la troisième chambre de la cour de Saïgon siégeant à Hanoï et de quatre assesseurs tirés au sort sur une liste de cinquante notables d'Hanoï et d'Haïphong. Les dispositions du décret du 17 mai 1895 qui contient tout un code de procédure civile et criminelle ont été étendues à toute l'Indo-Chine.

En Cochinchine, les tribunaux français sont compétents même à l'égard des indigènes. Il ne reste plus aucun vestige de la justice annamite. En Annam et au Tonkin, les tribunaux français sont compétents en toute matière dès qu'il y a en cause un Européen ou assimilé. Les litiges indigènes, aussi bien que les poursuites criminelles, sont examinés et jugés dans chaque province par l'*Ansat* ou lieutenant criminel.

Sans entrer dans le détail des comptes rendus judiciaires, il convient de dire que le nombre des procès, civils ou commerciaux, mais des procès commerciaux surtout, est considérable. L'Annamite est volontiers processif : mais le Chinois l'est encore bien plus. Et l'importance des litiges étant généralement très grande, les tribunaux sont fort occupés et le barreau très considéré.

TRAVAUX PUBLICS

Le service des travaux publics est sous la conduite d'un ingénieur en chef des ponts et chaussées, directeur. Cette direction n'a point, à proprement parler, de siège fixe, bien que le bureau du secrétariat soit à Saïgon. C'est une direction « mobile » qui se déplace avec son chef et dont dépendent toutes les autres directions.

Il y a, en effet, trois directions provinciales : une en Cochinchine, sous l'autorité d'un ingénieur de première classe ; une au Tonkin, sous l'autorité d'un ingénieur en chef ; un « service » en Annam, confié à un ingénieur « chef de service » et à un sous-ingénieur. De plus, au Tonkin, M. Rousseau en 1885, avait institué, en dehors du « cadre normal », un « cadre extraordinaire » payé sur les fonds de l'emprunt et spécialement destiné à l'étude et à la construction des chemins de fer. Le développement donné aux grands travaux publics a nécessité le maintien et même l'augmentation de ce cadre.

Les agents des directions provinciales sont employés non seulement aux travaux ordonnés par le gouvernement local, mais à la surveillance et à la conduite des travaux entrepris par les autorités et les municipalités indigènes.

DOUANES ET RÉGIES

Cette administration, dont l'importance financière est exceptionnelle, puisqu'elle est l'instrument des plus grosses recettes de l'Indo-Chine, est placée sous l'autorité d'un inspecteur des colonies (décret du 30 novembre 1898).

POSTES ET TÉLÉGRAPHES

Il existe deux directions : l'une est chargée des services de la Cochinchine, du Cambodge et du Bas-Laos. Elle a un « cadre métropolitain » et, — pour le Cambodge et le Laos, principalement, — un « cadre local » composé d'environ 85 indigènes.

Une autre direction gère les services du Tonkin, de l'Annam et du Haut-Laos. Son « cadre local » est exclusivement composé de Français.

L'instruction publique n'a pas été centralisée. Chacun des cinq pays en a gardé l'organisation en ce qui le concerne.

LE MOUVEMENT COMMERCIAL

Les mérites d'un gouvernement et d'une organisation se jugent surtout par leurs résultats.

Quand un gouvernement a donné à ses administrés la paix, la sécurité, la justice et le plus possible de liberté, les conséquences de cette bonne administration ne se font pas attendre. La bonne politique engendre les bonnes finances qui, bien employées, engendrent la prospérité. C'est pourquoi les statistiques commerciales et agricoles sont, après les constatations budgétaires, le criterium le plus sûr de la valeur des gouvernements.

La statistique commerciale de l'Indo-Chine est, à cet égard, pleine d'enseignements. De 1888 à 1891, alors que, de son côté, le budget creusait annuellement son déficit normal de 6 à 8 millions — 13 millions en 1885-86, au moment où la politique annexionniste battait son plein — le commerce général atteignait péniblement un total de 120 millions, en moyenne. Soit, exactement, pour 1888, après la gestion de M. Constans, 139 millions ; en 1889, il descendait à 116 millions et, malgré la bonne récolte, n'atteignait, en 1890, que 119 millions. En 1891, la politique ayant changé, la paix se rétablissant, le chiffre remontait à 135 millions ; en 1892, il continuait son ascension à 162 millions. En 1893, la mauvaise récolte ne le faisait baisser que de 6 millions, à 156, et les événements du Laos ne contribuaient pas à le grossir. Mais, en 1895, il regagnait le terrain perdu et montait à 185 millions, pour fléchir, en 1896, à 169, accusant ainsi le contrecoup des velléités de retour au militarisme des débuts de M. Rousseau. Mais en 1897, la pacification étant complète et l'unification se faisant pressentir, la poussée du commerce s'accentua ; le chiffre monta à 205 millions.

En 1898, le chiffre de 230 millions est atteint à quelques milliers de francs près. De sorte qu'en moins de neuf ans, le commerce général de l'Indo-Chine s'est élevé de 116 à 230 millions, c'est-à-dire qu'il a doublé, rendant ainsi témoignage, avec une éloquence toute particulière, à la direction politique imprimée au pays depuis 1891. Et ce baromètre politique est d'une telle sensibilité, que même les fautes les plus légères, les écarts même momentanés s'y accusent et s'y inscrivent en chiffres significatifs.

Le mouvement de la navigation n'est pas non plus sans donner de précieuses indications. Il augmente régulièrement chaque année et, rien que pour le port de Saïgon, l'augmentation, de 1897 à 1898, a été de 90 navires et de 90.552 tonneaux. Pour l'année 1898, le mouvement général de l'Indo-Chine se formule dans le tableau suivant :

Pavillons.	Nombre des navires. (entrées et sorties.)	Tonnages. (entrées et sorties.)
Français.....	734	930.697
Étrangers ...	2.670	1.309.704
Totaux...	3.404	2.239.701

Dans ces chiffres l'Annam-Tonkin entre pour :

Nav. français, 290   tonneaux, 321.689

Et la Cochinchine pour :

Nav. français. 444   tonneaux, 609.008

Et pour les navires étrangers la répartition est celle-ci :

Annam-Tonkin : nav. 1.937   tonn., 456.846
Cochinchine : navires,   733   tonn., 852.161

RÉSUMÉ

Telle est, dans son ensemble et dans les traits principaux de son organisation, l'Indo-Chine française. Cet immense territoire, plus grand d'un quart que la France et qui, sous le rapport de la fertilité, de la richesse et de la variété des productions ne le cède en rien à l'Inde anglaise, nous est aujourd'hui bien définitivement acquis, grâce à la politique loyale, humaine, juste et foncièrement honnête que, depuis dix ans, nous y avons pratiquée.

Ce n'est point uniquement par la force qu'un pays se donne des colonies. Plus sa domination est pacifique, plus elle est libérale et, surtout, équitable à l'égard des populations indigènes, plus est prompte, plus est définitive la prise de possession morale du pays. Et c'est là ce qui fait que notre empire indo-chinois n'a point à redouter les révoltes et les insurrections qui n'ont jamais cessé de menacer la domination anglaise dans l'Inde. Jamais, en effet, même aux temps les plus troublés et les plus sanglants de notre occupation au Tonkin, jamais notre domination n'a fait peser sur les populations cette exploitation sans pitié, sans justice, qui a marqué — on peut dire : qui marque même encore — la politique anglaise dans l'Inde. Entre nous et la population annamite, il y a eu un malentendu, une méconnaissance réciproque. Mais jamais, de parti pris, aucun agent français ne s'est préoccupé de « *faire rendre* » le plus possible au pays sans le moindre souci de ce qu'il pourrait avoir à souffrir. Jamais, depuis que nous y sommes, l'Indo-Chine n'a connu la famine qui, si fréquemment, extermine presque complètement les populations de l'Inde. Par contre, jamais, dans l'Inde, on n'a vu les indigènes demander, comme une faveur inappréciable, le droit d'être jugés par la justice anglaise. En Indo-Chine, c'est l'ambition commune à tout Annamite quelque peu « à son aise ». Voilà qui juge une politique coloniale et voilà ce qui donne à notre colonie indochinoise la garantie d'un avenir pacifique et prospère.

Restaurant chinois.

LA COCHINCHINE

HISTORIQUE

Lorsqu'en 1858 la France et l'Espagne firent ensemble, pour venger la mort de quelques missionnaires, la guerre à l'empereur Tu-Duc, le vice-amiral Rigault de Genouilly, commandant l'expédition, eut tout naturellement la pensée d'attaquer l'ennemi dans sa capitale même et, choisissant le point de débarquement le plus rapproché de Hué, il descendit à Tourane.

Mais il lui apparut bien vite que le point n'avait pas l'importance décisive qu'on lui avait attribuée. L'insalubrité du pays, la distance qui le séparait de Hué, les difficultés de la route ne permettaient pas d'en faire utilement le point de départ et le point d'appui d'une marche sur la capitale de l'Annam. Et d'ailleurs, Tu-Duc ne se sentait pas suffisamment atteint ou menacé par l'occupation de Tourane pour se croire forcé de demander la paix.

Mieux avisé ou mieux renseigné, l'amiral prit un autre objectif. Tout au sud de l'Annam, au fond d'un estuaire navigable en tout temps et d'une entrée facile, à quarante milles de la mer, se trouvait une ville importante, capitale des plus riches provinces de l'empire. C'était là non seulement un point d'attaque facile, mais une position importante, un gage précieux à prendre dont la perte devait être vivement ressentie par la cour d'Annam. Et l'expédition se dirigea sur Saïgon qui fut emporté d'assaut le 17 février 1859.

L'amiral ne s'était point mépris sur la valeur de la position. La ville et la province furent défendues avec une vigueur et une persévérance qui témoignaient du prix que la cour d'Annam y attachait. Les péripéties de cette lutte et les faits d'armes qui la signalèrent durèrent deux années. En 1860, nos troupes évacuèrent Tourane et se concentrèrent à Saïgon où elles furent presque assiégées. Il fallut prendre de vive force les redoutes dont les Annamites entouraient nos positions et enlever la ville de Cholon. Puis, le 24 février 1862, les lignes annamites furent enlevées et, en quelques semaines, toute la province de Saïgon — le Gia-Dinh — fut conquise. Baria, Bien-Hoa, Vinh-Long tombèrent successivement en notre pouvoir. Enfin, le 5 juin 1862, Tu-Duc demanda la paix, et un traité fut signé par lequel l'Espagne obtenait les satisfactions morales et pécuniaires qu'elle avait demandées, la France recevait en toute propriété Saïgon, les trois provinces de Saïgon, Bien-Hoa, Mytho et les îles de Poulo-Condore. En 1867, à la suite d'autres difficultés avec l'Annam, les trois autres provinces furent également occupées. La Cochinchine française fut dès lors constituée.

GÉOGRAPHIE

C'était une perte cruelle pour l'empire d'Annam. Non pas seulement par l'importance du territoire ou même par le chiffre élevé des recettes perdues, mais par la menace de disette et de famine que faisait peser sur l'Annam central la perte des provinces nourricières du pays.

L'empire d'Annam, au dire des indigènes, représente assez exactement « la charge d'un marchand chinois », c'est-à-dire deux grands paniers aux deux bouts d'un long fléau. La bande étroite de terre qui forme l'Annam central s'élargit au nord en un immense territoire qui est le Tonkin ; au sud, en un territoire non moins vaste qui est la Cochinchine. L'Annam est « le fléau » ; le Tonkin et la Cochinchine « les deux paniers ». Et ces « paniers » sont précieux parce que ce sont des paniers de riz, c'est-à-dire la nourriture nécessaire de l'Annam.

L'Annam ne produit que fort peu de riz, à peine, dans les bonnes années, le cinquième de sa consommation. C'est la Cochinchine et le Tonkin qui le nourrissent. Mais le Tonkin, riche en récoltes aux bonnes années, connaît trop souvent les mauvaises. Quand les pluies tardent ou que, violentes, elles grossissent le Fleuve Rouge au point de crever les digues, c'est la rareté des subsistances, parfois la famine. La Cochinchine, au contraire, fécondée et arrosée invariablement par le fleuve qui l'a formée, ne manque jamais de donner plus que le nécessaire. Et c'est cette infaillible régularité des récoltes qui fait le caractère dominant de la Cochinchine.

Les trois cinquièmes du territoire de la Cochinchine doivent leur existence au Mékong. L'immense plaine qui s'étend de Ha-Tien à Baria et de Bien-Hoa à la pointe de Cam-mau, sur une longueur de 300 kilomètres environ dans les deux sens, n'est que la partie inférieure du delta du Mékong. C'est, dans le sens le plus absolu, une création du fleuve. Le Mékong est à la Cochinchine ce que le Nil est à la Basse-Égypte et même mieux, car le Mékong, régulier dans ses crues, s'élevant à un niveau de 14 mètres au-dessus de ses basses eaux, ne manque jamais d'inonder la plaine à laquelle il apporte son limon. Et jamais

non plus il ne la ravage parce que ses eaux
s'étendent sur un si vaste espace que l'inondation, toujours régulière, ne saurait être violente
ni trop haute pour empêcher les cultures. C'est
pourquoi toute la plaine de Cochinchine est cul-
tivable. Il suffit de n'en pas écarter les eaux.

L'autre partie de la Cochinchine, la partie
orientale, d'où descendent le Donnaï, la rivière
de Saïgon et le Vaïco d'Orient, est composée du
versant occidental des montagnes d'Annam qui,
s'infléchissant vers le sud, viennent finir au cap
Saint-Jacques. C'est la partie la moins fertile,
par suite la moins peuplée ; c'est « le pays des
Moïs » et aussi des «Tiames », les premiers d'origine malaise, les seconds de race évidemment
brahmanique, les uns et les autres doux et inoffensifs, mais inférieurs à l'Annamite qui, d'ailleurs, est dans ce pays le peuple conquérant.

La Cochinchine est comprise entre le 104° et
le 105° de longitude est, le 8° et le 10° 30' de latitude nord. Elle est bornée à l'ouest par le Cambodge, au nord par le Bas-Laos, à l'est par l'Annam, au sud par la mer. Elle n'a de limites
naturelles que de Hatien à Chaudoc où sa frontière suit le canal de Vinh-Thé. Sur tout le reste

de son pourtour sa frontière suit une ligne conventionnelle bizarrement contournée qui n'est
marquée ni par le thalweg d'un cours d'eau ni
par la crête d'une montagne. Sa partie haute est
couverte de brousse ou de forêts. Sa partie basse,
là où elle n'est point cultivée, constitue une
immense prairie de joncs, de roseaux, de plantes
aquatiques.

La côte basse, plate et noyée de la Cochinchine
s'allonge en ligne presque droite du cap Saint-
Jacques à Cam-mau, dans la direction du nord-
est au sud-ouest, coupée de nombreux estuaires
qui sont les bouches du Donnaï et du Mékong.
Du cap Saint-Jacques à la pointe de Cam-mau,
il y a plus de 250 kilomètres ; et sur toute cette
longueur la terre, chaque année, gagne sur la
mer une bande de 200 à 250 mètres de large.
De la pointe de Cam-mau à Rach-Gia, sur une
longueur d'environ 190 kilomètres, la côte
remonte droit au nord, formant un immense V
avec la direction de Saint-Jacques à Cam-mau.
De Rach-Gia à Hatien, sur une soixantaine de
kilomètres, la plage, plus sablonneuse et moins
riche en matières organiques, court de l'est à
l'ouest. Mais à l'est du cap Saint-Jacques, c'est

la montagne qui vient border la mer. Le cap Saint-Jacques marque la fin de la grande chaîne de l'Annam. Il indique l'entrée de la rivière de Saïgon dont son phare révèle les approches. C'est un feu blanc, fixe, de 20 milles de portée élevé à 140 mètres au-dessus du niveau de la haute mer, sur une tour blanche, ronde, de 8 mètres de haut. Le port de Saïgon est à 40 milles de la mer. Les ports de Hatien, et Rach-Gia, sont placés à l'extré-mité de canaux dérivés de la branche sud du Mékong. Ces canaux ont naturellement amené la création d'un centre de population à leur débouché dans la mer.

FLORE, FAUNE

La Cochinchine appartient à la zone intertro-picale, et son climat est d'une régularité remarquable. Les pluies et les vents y reviennent presque à jour fixe et la température varie à peine de quelques degrés de la saison d'été à la saison d'hiver ; ou, pour être plus exact, car le mot d'hiver est absolument impropre, de la saison des pluies à la saison sèche. La mousson du nord-est dure du 15 octobre au 15 avril ; la mousson du sud-est, du 15 avril au 15 octobre ; six mois chacune.

La mousson du nord-est est la saison sèche pendant laquelle les pluies sont extrêmement rares. Pendant la mousson inverse, les vents du sud-est, qui sont les vents du large, amènent des pluies quotidiennes. A mesure que la chaleur augmente — elle varie entre 30 et 34° pendant les premiers mois, d'avril à juin — les orages se multiplient. Presque tous les jours, dans l'après-midi, la « tornade » rapide et violente dégage l'électricité de l'atmosphère et rafraîchit — ou plutôt humidifie — l'air par une forte pluie. De novembre à juin, la température s'abaisse à 28-24° et, parfois, les nuits sont fraîches, le thermomètre descendant jusqu'à 16°. On comprend qu'un pareil climat soit débilitant et qu'il soit difficile aux habitants des pays tempérés de supporter longtemps le séjour de la Cochinchine sans aller refaire dans des zônes moins brûlantes, leur tempérament anémié.

La Cochinchine, comme tous les pays de l'Asie méridionale, est exposée aux épidémies de peste et de choléra. La dysenterie et les maladies du foie y sont fréquentes.

La flore est celle des pays intertropicaux de l'Asie. Elle a moins de palmiers que l'Afrique, surtout de palmiers à huile, d'élaïs et de « karité » ; par contre elle a, en abondance, le bambou que l'Afrique ne connaît pas. L'Afrique est généralement sèche et l'Asie généralement très mouillée. De là des différences marquées dans la flore et dans la faune.

La plante naturelle de la Cochinchine, c'est le riz qui occupe au moins les cinq sixièmes de la surface cultivée. En 1897, la Cochinchine et le Cambodge — dont les produits sont additionnés dans la même statistique depuis l'union douanière entre les deux pays — ont exporté pour 72.543.369 francs de riz !

Le café réussirait parfaitement en Cochinchine si l'arbuste n'était attaqué par un ver qui le détruit rapidement. Le coton donne de bons produits à longue soie. L'ortie de Chine est aussi de bon rapport. Il a été essayé quelques cultures de cacaoyer dont les résultats ne sont pas encore connus.

Le maïs, l'igname, la patate, la canne à sucre, la banane, la noix d'arec y sont cultivés de temps immémorial. Nous y avons introduit avec succès nombre de légumes d'Europe : chou, navet, radis, carotte, betterave, aubergine, tomate, citrouille, etc.

Le tabac y pousse merveilleusement, on peut même dire : trop bien, car la plante, trop arrosée, poussant sur un sol trop riche, donne une feuille trop fortement dosée en nicotine, pas assez en potasse et trop peu combustible.

Les épices abondent : le poivre — qui constitue un produit des plus importants — la muscade, le girofle, la cannelle. Les arbres fruitiers d'Europe — ou plutôt du midi de l'Europe, l'oranger, le grenadier,— se mêlent aux espèces tropicales, bananier, letchi, manguier, cocotier, etc. Parmi les plantes industrielles, outre le tabac, le café et le coton, il faut citer l'arachide, le safran, l'indigo, le curcuma, le carthame, le cardamome. On y rencontre aussi, croissant spontanément, l'aloès, le gingembre, la noix vomique, le benjoin, le camphrier, la salsepareille, etc., etc.

Les bois durs sont, relativement, peu nombreux dans les forêts. Le bois de teck ne se rencontre guère que dans le Haut-Laos et manque totalement en Cochinchine.

La faune est très variée et nombreuse. Le tigre, la panthère, le léopard, le chat-tigre, la mangouste sont fréquents. On rencontre, mais moins abondant, l'ours des palmiers, appelé « ours à miel ». De nombreuses variétés de singes vivent dans les bois et fréquentent les lisières d'où ils viennent piller les récoltes. Les légions de rats, d'espèces variées, sont innombrables. Le rat des rizières, par moments, devient un véritable fléau. Le sanglier, le cerf, le buffle habitent les forêts où se retire aujourd'hui l'éléphant qui, jadis, s'aventurait jusque dans la Plaine des joncs. Le rhinocéros existe encore, mais diminue de nombre.

Les animaux domestiques sont moins nombreux : le buffle est la bête de trait et la bête de labour par excellence. Le zébu sert parfois de monture. Le cheval est rare. Les tentatives faites pour acclimater le cheval arabe n'ont guère réussi. On se sert beaucoup des petits chevaux de Pégu. Cependant les chevaux de Phu-Yen, malgré leur petite taille, sont forts et robustes. Ils rendent de grands services.

Les moutons sont rares, de petite espèce et de viande plus que médiocre. La chèvre réussit, mal. En revanche, le porc multiplie beaucoup et s'améliore notablement par le croisement avec les espèces d'Europe.

Les oiseaux sont généralement communs à tous les pays de climat à peu près analogue. La Cochinchine a en propre quelques espèces de perroquets, le « merle mandarin », noir, à reflets pourpres, qui siffle et parle comme le merle d'Europe ; et le coq des bois qui est un gibier délicat. Les oiseaux aquatiques, naturellement, abondent, et toutes les espèces paludiennes et palustres sont représentées.

Les reptiles ne manquent pas. Les serpents venimeux ne sont pas rares et font assez souvent des victimes parmi les indigènes. Il est à souhaiter que les remèdes aujourd'hui connus, les injections hypodermiques qui neutralisent le venin des piqûres soient mis à la disposition des autorités.

Le crocodile se rencontre dans le Mékong. Les Annamites sont généralement friands de la viande de sa queue. En plusieurs endroits — à Pnom-Penh, Cholon, Saïgon, Mytho, — des parcs à crocodiles sont établis. Même il en est où, après avoir coupé le plus possible de la queue de l'animal, on le remet à l'eau pour qu'il la refasse. On sait en effet que la queue des sauriens, comme la pince des crustacés, se refait quand elle a été détruite.

Le gecko et le varan sont communs et inoffensifs.

Comme dans tous les pays chauds et humides les insectes pullulent. Il en est beaucoup de nuisibles : cancrelats, termites, moustiques, charançons, etc. Il en est d'utiles, comme l'abeille des bois qui produit de véritables récoltes de miel et de cire.

POPULATION

La population de la Cochinchine, d'après le recensement — approximatif, nécessairement — de 1896, s'élève à 2.317.121 habitants, parmi lesquels il y a 4.441 Européens ou naturalisés dont 4.021 Français et 420 étrangers.

Sur les 4.021 Français il y a 1.601 fonctionnaires et 1.023 membres de leurs familles ; soit environ 66 % de fonctionnaires. La proportion est, ce semble, un peu forte.

Les Annamites sont au nombre de 2.022.204

les Cambodgiens 169.048, les Chinois 99.299, Moïs 6.521, Tiames 2.588, Indiens 1.683, Malais 4.119, Tagals 113, Indiens étrangers, Japonais, et autres 7.000.. Depuis ce recensement il est certain que la population a beaucoup augmenté.

———

LE GOUVERNEMENT

Depuis la conquête, la Cochinchine a connu bien des gouverneurs et bien des gouvernements. Cependant, les changements de régime ont été moins fréquents qu'on ne serait tenté de le croire en lisant la longue liste des amiraux qui de 1858 à 1879 se sont succédé tantôt comme titulaires, tantôt comme intérimaires. Bien qu'on en compte 19 en 17 ans, la Cochinchine, en réalité, n'a guère passé que par trois périodes distinctes et n'a connu, à quelques nuances près, que trois régimes différents jusqu'au jour où, sous le nom de « régime civil », fut organisée une annexion à peu près semblable à celle dont l'Algérie a subi et subit encore les graves inconvénients.

De 1858 à 1863, la période de guerre et de conquête ne comportait qu'une organisation rudimentaire, une occupation à main armée et non point une administration. Cependant, l'ami-

ral Bonard — du 29 novembre 1861 au 1er mai
1863 — avait essayé de donner au pays que
nous occupions une administration régulière.
Il avait eu l'idée, juste mais incomplète, de conserver fidèlement le cadre de l'organisation
annamite, c'est-à-dire la commune à la base et
le canton au centre. L'amiral avait été frappé
de la similitude qui paraissait exister entre cette
organisation et celle des départements français ;
et il en avait conclu, tout naturellement, qu'il
fallait administrer la Cochinchine comme un
département français.

Ce qu'il n'avait pas compris, — ce qu'il igno-
rait, comme tous les gouvernements de l'Indo-
Chine l'ont ignoré ou n'ont pas voulu le savoir
jusqu'en 1891 — c'est que, d'une part, l'autorité communale venait presque exactement du
suffrage universel, c'est-à-dire que le chef du
village n'avait d'autorité que s'il était librement élu ; que le chef du canton, s'il n'était
pas librement choisi par les villages n'était
qu'un usurpateur, et qu'enfin il n'était pas
possible, dans le pays où règne le mandarinat, d'improviser et d'imposer un personnel
de fonctionnaires arbitrairement nommés, pris
en dehors du cadre légitime des mandarins.

Tant que la paix n'était pas faite, il n'était pas permis aux fonctionnaires annamites de servir l'étranger. C'eût été un acte de trahison envers l'empereur et envers la patrie ; et c'est pourquoi, plus tard, en 1867, lorsque le gouverneur des trois provinces occidentales, le grand patriote Phan-Than-Gian, vice-roi de Vinh-Long, fut obligé de remettre aux Français les territoires qu'il gouvernait, il s'empoisonna, ne pouvant plus servir son pays et ne voulant pas servir l'étranger. Aussi tous les mandarins, tous les fonctionnaires des provinces qui nous avaient été cédées avaient disparu, s'en étaient allés presque tous à Hué se mettre à la disposition du gouvernement. Les chefs de village et de canton se cachaient. L'amiral Bonard ne trouvait plus aucun personnel de fonctionnaires. Il cherchait, pour les mettre à la tête du pays, « les grands chefs », persuadé que l'Annam était, comme le Japon, sous la main d'une féodalité de grande envergure. Ne trouvant rien de semblable, il dut improviser des cadres de hauts fonctionnaires et, les mandarins ayant disparu, force lui fut de prendre au hasard les instruments qui se présentaient. Il en résulta,

naturellement, des désordres. Les fonctionnaires improvisés, incapables ou indignes, com-
mettaient des abus et des exactions. Les officiers
français qui devaient les surveiller, ne connais-
sant ni le pays, ni ses institutions, ni sa langue,
demeuraient impuissants. Il y eut des révoltes
et de l'anarchie.

L'amiral La Grandière comprit mieux les
besoins du pays. Peut-être aussi les officiers
chargés de fonctions avaient-ils appris à connaître les populations. On revint à l'institution
fondamentale du pays : la Commune. On réussit
à s'entendre avec les municipalités, puis avec
les cantons. Et, pour remplacer les mandarins
absents, on nomma des « administrateurs des
affaires indigènes », assistés de quelques interprètes et de deux ou trois lettrés annamites.

Cette organisation, qui rentrait dans le cadre
normal des institutions du pays, amena la paix
et une certaine prospérité. Les impôts perçus
par la commune rentrèrent facilement et, d'un
budget de trois millions en 1864, on passa,
en 1878, à un budget de 20 millions sans que
le contribuable fût trop chargé. Sur ce budget,
on dépensait environ 15 millions dont
3.500.000 francs pour les travaux publics.

Sans doute, le gouvernement militaire, un peu rude et absolu dans ses procédés, n'était pas sans inconvénients. Mais il avait de grandes qualités d'économie et d'activité. Le nombre des fonctionnaires était réduit au strict nécessaire. Les travaux publics, largement dotés sur le budget, bénéficiaient encore des prestations en nature, de la corvée, très efficace lorsque les travaux entrepris étaient de nature à profiter aux populations, comme les routes et les canaux. Tout un réseau de voies de communication fut établi : des canaux navigables relièrent le bassin du Donnaï à celui du Mékong et même le Vaïco au Mékong. La ville de Saïgon, à peine tracée en 1887, se construisit rapidement et devint réellement une capitale.

Mais d'autres idées prévalurent. Quelques abus et quelques scandales, âprement exploités, firent qu'on résolut de substituer au « gouvernement militaire » le « gouvernement civil ». En principe, rien de mieux. Mais ce qu'on entendait par le gouvernement « civil » c'était, surtout, une véritable *annexion*, une assimilation complète avec l'administration française. L'idée première de l'amiral Bonard reparaissait, aggravée d'un fonctionnarisme à outrance. Les autorités indigènes, remplacées par des fonctionnaires français, voilà la formule de ce système. Et ses résultats sont que sur 4.021 Français il y a en Cochinchine 2.624 fonctionnaires ou membres de leur famille. Le 7 juillet 1879 fut inauguré ce régime civil. Aussitôt commença la substitution aux autorités indigènes des fonctionnaires français absolument ignorants du pays. La Cochinchine eut un code français, des magistrats français qui ne connaissaient et n'avaient aucun désir de connaître la langue, ni les lois du pays. Les interprètes — des « boys » la plupart du temps — ignorants, peu honnêtes, disposèrent de la justice si bien qu'un rapport officiel, écrit en 1887, disait : « Les jugements « ne sont pas toujours exécutés parce que les « parties se mettent souvent d'accord pour ne « pas y obéir. »

La création du conseil colonial ne remédia point aux inconvénients de ce régime dont le vice essentiel était de considérer l'élément indigène comme une quantité négligeable sauf en ce qui concerne le paiement de l'impôt. Toutes les conséquences fâcheuses qu'a produites en

Algérie ce système d'administration directe et d'assimilation à l'administration métropolitaine se sont produites en Cochinchine. L'annexion en vue de la représentation au parlement et l'élection d'un député compliquèrent encore de menées électorales, d'autant plus actives qu'elles se produisaient dans un milieu plus restreint, le fonctionnement gouvernemental de la colonie. En même temps, à mesure que la France prenait pied au Tonkin, la Cochinchine, se considérant, à titre de colonie française, comme bien supérieure en droits à tous les « territoires » annamites demeurés pays de protectorat et, agissant comme si elle eût été réellement la métropole, annonçait la volonté d'envahir et de conquérir, pour son compte, les provinces méridionales de l'Annam. On avait constitué en Cochinchine à la place des forces de police — les *matas* — dont disposaient autrefois les autorités indigènes, un corps de milices régulières qui, n'étant pas aptes à faire, avec les ménagements nécessaires, la besogne des matas, ne s'occupaient plus de police et ne demandaient qu'à guerroyer. La Cochinchine mettait la main sur le Cambodge sous prétexe d'améliorer le protectorat et la convention imposée en 1884, au roi Norodom par le gouverneur de la Cochinchine eut pour résultat la révolte de 1885. En 1886, on envoyait des troupes dans le Binh-Thuan, puis dans le Khanh-Hoa, le Phu-Yen et même le Binh-Dinh ; et il fallut que, sur les justes réclamations de la cour de Hué, le gouvernement français intervînt pour forcer la Cochinchine à évacuer ces provinces.

Le budget se ressentit promptement de ces vices d'organisation. En 1878, avec une recette de vingt millions on dépensait quinze millions. En 1887, on percevait et on dépensait trente-huit millions. Les canaux demeuraient inachevés ; mais on avait construit le chemin de fer de Saïgon à Mytho qui, concurrencé victorieusement par la navigation, coûtait cher et rendait peu.

En 1887, l'unification — en principe — de l'Indo-Chine apporta quelque changement à cette situation. Mais elle ne l'améliora guère. La Cochinchine dut fournir une contribution pour le Tonkin. Et le chiffre vraiment excessif de cette subvention — qui atteignit 11.500.000 francs — greva lourdement les finances, déjà bien char-

gées, de la Cochinchine. De plus, l'organisation
du gouvernement général amena la création d'un
état-major considérable, de sorte que, pour
être moins bien administrée, la Cochinchine
paya beaucoup plus cher parce qu'elle supportait de deux côtés à la fois les erreurs et les
fautes commises en Indo-Chine par des gouvernements qui ne se préoccupaient pas de bien
connaître le pays.

En effet, le régime de « l'annexion assimilée » produisait en Cochinchine des inconvénients particuliers ; et la politique d'annexion
et d'administration directe, en creusant les déficits du Tonkin, retombait sur la Cochinchine
qui, sous forme de contribution, en payait les
frais.

Cependant, les travaux publics s'étaient arrêtés. Les canaux s'envasaient et n'étaient point
recreusés. Depuis 1865 on discutait l'enlèvement du banc de corail qui fermait les passes de
la rivière de Saïgon. La Plaine des Joncs, au lieu
d'être convertie en rizières, demeurait inculte,
et autour même de Saïgon les routes manquaient.
D'ailleurs, l'Indo-Chine unifiée ne prospérait
pas mieux. A la fin de l'exercice 1889, il avait

fallu demander à la métropole une subvention de 13 millions pour combler le déficit. A la fin de 1891 on constatait encore un déficit nouveau de 5 millions et l'exercice 1891 promettait, avec certitude, un passif final d'une dizaine de millions.

Le revirement politique de 1891 modifia rapidement et heureusement cette fâcheuse situation. Le « gouffre » du Tonkin se comblant tout d'un coup, par suite de la pacification immédiate du Delta — obtenue en quinze jours par suite de l'entente avec la cour de Hué — la contribution de la Cochinchine fut réduite à 5 millions, puis à 4.700.000 francs. Elle est aujourd'hui supprimée, les dépenses militaires ayant diminué beaucoup et, d'ailleurs, l'unification du budget ayant fait disparaître la cause même de la subvention.

La situation de la Cochinchine s'est donc améliorée notablement. Toutefois si les inconvénients résultant de la mauvaise orientation politique ont à peu près disparu, — ce qui n'a pas été facile parce qu'il a fallu longtemps pour constituer un personnel d'administration compétent — on n'a pas encore pu faire disparaître la surabondance des fonctionnaires, car s'il est extrêmement facile d'augmenter le personnel, il est à peu près impossible de le restreindre.

En même temps, les relations de la Cochinchine et du Cambodge s'amélioraient, le Gouvernement général ayant arrêté les velléités absorbantes de la Cochinchine; et les deux pays s'en sont trouvés mieux.

A l'heure actuelle, la Cochinchine est administrée par un « lieutenant-gouverneur » placé sous la haute autorité du gouverneur général. Et cette haute autorité s'exerce d'autant plus efficacement que, la capitale ayant été définitivement fixée à Saïgon, le lieutenant-gouverneur se trouve placé directement sous la main du gouverneur général.

Mais la différence de condition politique entre la Cochinchine et les autres pays n'est pas sans inconvénients. La Cochinchine, colonie « annexée », terre française, représentée au parlement, a toujours prétendu et prétend encore une certaine supériorité sur les autres parties de l'Indo-Chine. De là, parfois, résultent des tiraillements, des froissements et des mécomptes que l'habileté du Gouvernement a jusqu'à ce jour rendus inoffensifs, mais dont il serait peut-être bon de supprimer la cause en faisant « rentrer la Cochinchine dans le rang » de façon à rendre réelle, complète et homogène l'union indo-chinoise.

Les attributions du lieutenant-gouverneur sont fixées par le décret du 29 octobre 1887, et, surtout, par celui du 9 mai 1899, qui a modifié beaucoup le caractère de la fonction. Les attributions du lieutenant-gouverneur n'ont pas été changées. Mais il est placé « sous les ordres du gouverneur général *pour le seconder dans l'administration de la Cochinchine* ». Cette modification était la conséquence logique et nécessaire de l'unification de l'Indo-Chine. Les cinq pays qui la composent perdaient forcément leur individualité gouvernementale, et l'administration particulière de chacun de ces pays relevait *directement* du gouvernement général. Les résidents généraux et le lieutenant-gouverneur cessaient d'être des vice-rois pour n'être plus que des préfets.

Le lieutenant-gouverneur est assisté d'un conseil colonial — créé par le décret du 8 février 1880, modifié par une suite de décrets dont le principal est du 28 septembre 1888 — actuellement composé de quatre membres français ou assimilés, élus par le suffrage universel ; les deux délégués de la chambre de commerce nommés par elle ; les deux délégués du conseil privé, nommés par décret, et de six membres asiatiques, sujets annamites, élus par un suffrage à deux degrés. Les six annamites et les deux délégués du conseil privé votant rarement, — très rarement, — contre l'administration, celle-ci n'a pas à craindre beaucoup le désagrément d'un vote hostile.

Cependant l'action du conseil colonial n'a pas été minime et, à certains moments, ayant la disposition à peu près libre d'un budget considérable, il n'est pas sans avoir encouru quelques reproches sur la manière dont il l'a géré.

La Cochinchine est divisée en vingt-deux provinces qui s'appelaient, il y a peu de temps encore, des arrondissements et possédaient, à côté de « l'administrateur des affaires indigènes » un « conseil d'arrondissement » composé des chefs de canton. Il y a en outre deux « municipalités », celle de Saïgon qui compte quatorze conseillers, dont quatre indigènes, et celle de Cholon qui compte quatre conseillers français

— dont le maire, — quatre conseillers annamites et quatre conseillers *chinois*, dont la présence s'explique par le nombre et l'importance
des négociants chinois établis à Cholon.

LE BUDGET

Le budget de la Cochinchine, en 1864, se montait à 3 millions. En 1867, à mesure que le pays se pacifiait — et que les trois provinces occidentales s'y ajoutaient, — les recettes arrivaient à 5.600.000. En 1887, sans excéder les facultés des contribuables, on atteignait 26 millions ; en 1891, à 27.600.000 francs ; et, en 1894, trois ans après la mise en pratique de la politique de « protectorat loyal », les recettes dépassaient 35 millions, en même temps que la contribution payée au Tonkin descendait de 11 millions à 4.700.000 francs. A ces sommes, les budgets particuliers des arrondissements et des communes ajoutaient environ 3 millions, ce qui portait à 38 millions les ressources de la colonie.

Le dernier budget qui a précédé la création du budget général, celui de l'exercice 1898 — réglé en 1899 — portait les chiffres suivants :

Prévisions budgétaires........ 13.940.000 p.
Recettes réalisées............ 15.092.585 p.
Dépenses payées....... ..... 15.074.350 p.

Il restait donc un excédent sur les prévisions de recettes, de 1.152.350 piastres; et sur les dépenses, de 18.243 piastres.

Pour l'exercice 1900, le budget local de la Cochinchine porte en prévisions une recette de 4.423.000 piastres — la piastre à 2 fr. 40 — et autant en dépense.

Sur ce budget, les « contributions directes et taxes assimilées » figurent pour 3.725.800 piastres, se décomposant ainsi :

Impôt foncier des centres.........   36.000
Impôt d'immatriculation des rizières   1.340.000
Impôt foncier des cultures variées..   272.000
Impôt personnel des indigènes.....   582.000
Impôt des barques...............   105.000
Impôt des patentes..............   238.000
Droits d'immatriculation des asia-
    tiques étrangers 1.150.000
Taxe de vérification des poids et
    mesures.....................   1.800
Impôt foncier des salaires.........   mémoire

Plusieurs de ces articles réclament des explications claires et précises qui sont indispensables pour l'intelligence des budgets locaux du

Tonkin, de l'Annam et du Cambodge auxquels ces taxes sont communes.

Les impôts directs — « impôts annamites » se divisaient en deux classes : impôt personnel, impôt foncier. Nous n'avons rien changé — ou fort peu — à leur mode de perception et même à leur taux. Ils avaient et ils ont encore pour base d'établissement la commune, qui non seulement se charge de les percevoir et de les verser au trésor public, mais même de les répartir. L'État ne connaît point personnellement le contribuable. Il n'a de relations directes qu'avec la collectivité communale. C'est la commune qui dresse la liste des « inscrits » qui doivent payer l'impôt personnel. C'est la commune qui, possédant le cadastre des propriétés de son territoire — le *dia-bô* — et les noms des propriétaires, détermine le chiffre de contribution à payer par chacun, le reçoit et verse au gouvernement le montant global de l'impôt dont elle est chargée.

L'impôt personnel est payé par les « inscrits » ou, d'après le terme annamite, les « robustes », c'est-à-dire : 1° les hommes valides de 20 à 54 ans. Ceux-là paient une capitation de 0 fr. 40 par an. C'est la première classe. 2° Les jeunes gens de 18 à 20 ans ; les infirmes et les impotents de 18 à 60 ans paient 0 fr. 20. Au-dessus de 60 ans, il n'y a plus ni impôt ni corvée. Disposition éminemment humaine et sage que les États civilisés devraient, ce semble, s'approprier.

Cet impôt produit une recette de 582.000 piastres, ce qui, pour les deux millions d'Annamites de Cochinchine, donne une moyenne d'environ 69 centimes par tête.

L'impôt foncier des villages — c'est-à-dire l'impôt rural, sur le sol a pour base le *Dia-Bô* — « livre de la terre », — c'est-à-dire la matrice cadastrale de chaque village. C'est l'empereur Già Long qui, à la fin du xviiie siècle, fit confectionner un cadastre en Annam. Ce travail, remarquablement établi, commune par commune, non seulement donnait le plan et la description des terres, mais les classait par catégories selon leur valeur et le revenu qu'elles pouvaient rendre. Ce classement comprenait deux catégories : les rizières et les cultures diverses.

Les rizières sont divisées en trois classes. Autrefois la première classe payait 1 p. 35 par mâù et par an. Le *mâù* est à peu près le demi-hectare : exactement 49 ares 70 centiares 25 ; c'est-à-dire que la taxe était de 2 p. 70 par hectare. Elle est aujourd'hui réduite à 1 p. 50. La deuxième classe de 2 p. 8 a été ramenée à 1 piastre. La troisième, de 1 p. 40 à 0 p. 50. Le dégrèvement est considérable.

Les « cultures diverses » autrefois divisées en douze classes, n'ont plus aujourd'hui que trois classes qui comprennent, savoir : la première, les terrains plantés en cocotiers, poivriers, tabac, bétel, ananas et arbres fruitiers. De 2 p. 63 le mâu — 5 p. 26 l'hectare — cette catégorie a été réduite à 2 p. 30 l'hectare ; la deuxième, terrains d'habitation, mûriers, canne à sucre, arachides, maïs, café, ortie de chine, sésame, pastèques, patates et toutes les cultures de légumes, taxées à 0 p. 80 ce qui constitue un dégrèvement moyen de 90 °/₀ sur les chiffres anciens ; la troisième classe « palmier d'eau » paie 0 p. 40 par hectare.

L'impôt des rizières donne un rendement de 1.340.000 piastres. Les cultures diverses n'arrivent qu'à 272.000 piastres. On voit combien la culture du riz est prédominante en Cochinchine.

Les Asiatiques étrangers sont nombreux en Indo-Chine. Les Chinois, au Tonkin et en Cochinchine, forment des groupes importants et généralement riches. De temps immémorial les étrangers, dans l'empire d'Annam, avaient payé un impôt, taxe de capitation, permis de séjour, livret d'identité. Mais l'identité des Chinois n'était point toujours facile à établir. A l'heure actuelle encore, la difficulté persiste. Et comme il n'est pas possible d'astreindre l'étranger à la mensuration anthropométrique, on a dû chercher un moyen d'y suppléer et voici ce qu'on a imaginé : Avec le pouce noirci au noir de fumée le Chinois imprime son empreinte sur une feuille de papier, et cette empreinte constitue un « signalement » infaillible qui ne permet, contrairement à ce qu'on pourrait croire, aucune confusion. Ce droit d'immatriculation produit 1.150.000 piastres. La quotité de la taxe est déterminée par la quotité de la patente que paie l'étranger. Il est « étagé » en six classes : la première payant 400 piastres, la seconde 200, la troisième 100, la quatrième 50, la cinquième 20, la sixième comprenant les non patentés et les coolies, 10 piastres, c'est-à-dire 24 francs par an, ce qui, pour des ouvriers manuels, ne laisse pas que d'être relativement cher. Cependant l'immigration chinoise est loin de diminuer.

Les dépenses de ce budget, évaluées à égalité des recettes, méritent d'être examinées en détail. Le personnel y figure pour des sommes relativement considérables, surtout lorsqu'on y juxtapose les dépenses du gouvernement général qui sont, comparativement, beaucoup moins élevées. Ainsi lorsque les crédits alloués au gouvernement général — personnel et matériel — arrivent à 255.000 piastres, le gouvernement local de la Cochinchine coûte 365.000 piastres et, en 1899, les crédits ont été de 420.000 piastres. C'est que l'organisation du « gouvernement civil » a multiplié les fonctions de façon à compliquer à la fois le fonctionnement administratif et les dépenses. Peut-être serait-il utile d'essayer un peu de simplification.

Un chiffre mérite également d'être signalé : celui des dépenses de l'instruction publique qui se monte à 483.000 piastres. L'enseignement, en Cochinchine, est, comme on le voit, assez largement doté. Il existe en Cochinchine deux collèges : le collège Chasseloup-Laubat, à Saïgon et le collège de Mytho ; une école professionnelle à Saïgon ; de nombreuses écoles communales — au moins une par arrondissement — et une école indigène ou mixte dans chaque canton. Les écoles cantonales sont payées et entretenues en dehors du budget de la colonie par les cantons eux-mêmes et les écoles d'arrondissement par le budget particulier de l'arrondissement. J'ai déjà dit qu'en pays annamite, l'instruction non seulement n'était refusée à personne, mais qu'elle était offerte à tous et toujours gratuite pour les pauvres. Dans ces écoles on enseigne l'écriture du *quoc-ngu* — annamite écrit en caractères latins — mais on enseigne également les caractères chinois, sans lesquels un lettré annamite ne saurait devenir mandarin ni remplir aucune fonction publique dans les pays de protectorat. La Cochinchine, il est vrai, devenue colonie française et annexée, n'appartient plus à l'Annam, mais l'indigène de la Cochinchine n'en demeure pas moins Annamite.

Les établissements congréganistes sont nombreux et puissants. La Cochinchine et le Tonkin ont été et sont encore des « pays de missions ». Le vicariat de la Cochinchine comprenait originairement (17 août 1658) le Siam, le Laos, le Cambodge et l'Annam, toute la péninsule indochinoise. Il y a aujourd'hui trois vicariats : celui de la Cochinchine orientale qui comprend l'Annam et le Tonkin. Celui de la Cochinchine occidentale qui comprend à peu près toute la Cochinchine ; enfin celui du Cambodge (étendu au Laos). Il y a, dit-on, 63.000 chrétiens. Le personnel religieux est nombreux ; outre le vicaire et le provicaire général, il compte cinquante-cinq missionnaires, soixante prêtres indigènes et une certaine quantité de diacres, sous-diacres, etc. Le vicariat comprend 21 districts 80 résidences, 242 « chrétientés », 250 églises ou chapelles et des « œuvres » très nombreuses.

COMMERCE, INDUSTRIE

Le commerce, en Cochinchine, est généralement florissant. Il y a cependant quelques réserves à faire, surtout au point de vue de l'industrie. La plus sérieuse — et qui n'est pas sans mériter qu'on y réfléchisse — c'est la prépondérance industrielle des Chinois et la concentration presque complète entre leurs mains de l'industrie et du commerce du riz. Sur les neuf usines à décortiquer le riz, qui fonctionnent à Cholon, sept sont entièrement chinoises. Les deux autres, quoique françaises en apparence et dirigées par des Français, sont passées en presque totalité dans les mains de capitalistes chinois, faute de capitaux français. Ce n'est pas seulement en Cochinchine que cet accaparement de l'industrie par le Chinois se produit et s'aggrave. Au Tonkin des faits du même genre sont chaque jour signalés. Il y a là matière à bien des réflexions et aussi certainement à quelques *mea culpa.*

Cependant, dans son ensemble, le commerce est en augmentation. Dans les 230 millions auxquels se monte le commerce général de l'Indo-Chine pour l'année 1898, la Cochinchine et le Cambodge (comptés ensemble par suite de l'union douanière des deux pays) entre pour environ 73 $^o/_o$ avec le chiffre de 162.974.552 piastres dont 54.964.222 piastres d'importations et 108.974.542 piastres d'exportations. Si donc la fameuse théorie de la « Balance du commerce » était réellement exacte, la Cochinchine s'enrichirait d'une cinquantaine de millions et plus chaque année, ce qui, malheureusement, est loin de la vérité, d'autant que, dans ce chiffre considérable d'exportations, le riz entre pour 88.555.000 francs dont 70 millions à destination de la Chine. Et comme la préparation industrielle du riz, décortication, blanchissage, glaçage, — sans parler des prélèvements faits par les intermédiaires entre le cultivateur et le fabricant — représente plus de la moitié du prix de vente, la plus forte partie du produit que donnent la culture et le commerce du riz demeure aux mains des Chinois. De sorte que la « balance commerciale » ne donne point du tout la mesure de l'enrichissement de la colonie.

Aux 168 millions — en arrondissant le chiffre — du commerce général de la Cochinchine et du

Cambodge, il faudrait ajouter 8.109.000 pour le cabotage. Mais le cabotage et les mouvements du numéraire, bien qu'ils figurent dans les états de douane, ne doivent point entrer en ligne de compte car ils font, le plus souvent, double emploi, n'étant que l'exécution ou la contre-partie d'opérations commerciales déjà comprises dans les statistiques.

Le chiffre de l'année précédente (1897) n'était que de 146.614.371 fr. et 7.472.874 fr. pour le cabotage. Mais il faut tenir compte des diffé-rences que peut produire le succès plus ou moins complet de la récolte du riz. En Cochin-chine, l'écart n'est jamais très grand, mais au Tonkin, il peut être de 80 à 90 %.

Il n'en demeure pas moins certain que l'aug-mentation est considérable et, surtout, continue. L'augmentation sur 1897 a été de 17 millions et celle de 1897 sur 1896 était de 16 millions.

Dans les exportations, la France a fourni......................	23.393.045 fr.
Les colonies françaises.........	88.741
L'étranger (marchandises étran-gères)......................	31.482.436
Total.....	54.964.222

Les exportations sont distribuées entre les divers pays comme l'indique le tableau suivant :

Denrées et marchandises provenant de la colonie {	pour la France...	24.804.372 fr.
	pour les col. fr...	3.476.332
	pour l'étranger...	78.151.186
Marchandises françaises réexportées {	vers la France...	83.959
	vers les colonies.	48
	vers l'étranger...	1.326.723
Marchandises étrangères réexportées {	vers la France...	44.463
	vers les col. fr...	120
	vers l'étranger...	123.119
	Total......	108.010.322

L'importation française en Cochinchine porte sur les produits fabriqués : ouvrages en métaux 2.734.815 fr. ; ouvrages en matières diverses 1.185.612 fr. ; les boissons 2.237.578 fr. Parmi les articles de consommation les plus demandés il faut citer : le tabac, les médicaments, les *parfumeries* et les *parapluies* et *parasols*.

La Chine importe pour 3.283.525 fr. d'or battu en feuilles pour la fabrication des bijoux indigènes.

C'est le riz qui fournit les plus gros chiffres à l'exportation. Il en a été exporté pour 88 millions dont la majeure partie en Chine. Après le riz, les produits de pêche, — poisson sec ou salé, — donnent un chiffre de 6.487.841 fr. Le poivre 4.418.028 fr. dont la plus grande partie vendue en France.

Le commerce de la Cochinchine avec la France a augmenté sensiblement. Les importations françaises ont gagné, en 1898 plus de 2 millions. Et la métropole a acheté pour plus de 20 millions de riz, alors que ses achats jusqu'à 1897 n'avaient pas dépassé 10 millions.

CRÉDIT ET BANQUES

Le crédit n'est pas des plus faciles en Cochinchine. L'intérêt légal de l'argent dans les transactions indigènes est de 12 %. Les grandes Banques, comme la *Hong-Kong Shangai Banking corporation*, *la Chartered Bank of India Australia and China* et *la Mercantile Bank of India London and China* ne pratiquent guère l'escompte commercial et sont plutôt des « Offices d'affaires ». Le taux de l'intérêt varie de 9 à 12 %. La Banque française privilégiée « Banque de l'Indo-Chine » joue à peu près en Cochinchine le rôle qui appartient en France à la Banque de France.

D'ailleurs la « question de la piastre » complique beaucoup les affaires. Les indigènes ne connaissent et ne veulent connaître que la piastre. Or le taux de la piastre varie beaucoup. Fixé jadis à 5 fr. 50 elle est aujourd'hui tombée à 2 fr. 40. Et il n'est pas possible de payer avec des pièces françaises de cinq francs, l'indigène ne voulant les recevoir que comme des piastres. Il faut donc se procurer des piastres, en acheter, ce qui n'est pas toujours facile et, en tous cas, il faut se résigner à perdre sur le change. La roupie indienne, du reste, a subi à peu près la même dépréciation. Elle valait autrefois 2 fr. 50 ; elle ne vaut plus guère aujourd'hui que 1 fr. 50 et même 1 fr. 40. Au Cambodge et au Laos, elle est assimilée au « tical » qui vaut 1.60 — 1.40.

Quai de Cholon.

SAÏGON

La ville de Saïgon a eu cette chance qu'en 1859, au moment de la conquête, ses habitants la brûlèrent complètement. Seuls, les Chinois que la conquête laissait à peu près indifférents gardèrent leur quartier debout.

L'administration française trouva donc place nette et put tracer le plan de la ville largement, sans obstacles. Saïgon, forcément, augmenta très vite de population. C'est tout au plus si, en 1859, elle comptait de 5 à 6.000 habitants ; quatorze ans après, en 1873, elle en avait 13.348 dont 965 Européens — parmi lesquels 913 Français — 6.246 Chinois, 5.595 Annamites et seulement 6 Cambodgiens.

Depuis lors, bien des changements se sont produits. En treize ans la population a presque triplé. Elle se montait en 1896 à 44.764 habitants dont 3.258 Européens ou assimilés et 41.506 Asiatiques dont 13.801 Chinois et 26.411 Annamites. Le reste se compose de Cambodgiens, aujourd'hui plus nombreux, de Malais, d'Indiens (Hindous), etc.

La ville a été trop souvent décrite pour qu'on y revienne longuement. Ses belles rues larges, droites, ombragées d'un double rang de grands arbres ; ses monuments, dont quelques-uns sont vraiment fastueux, comme le Gouvernement général, l'Hôpital militaire, l'hôtel des Postes, son magnifique jardin botanique ont été tant de fois reproduits par la photographie que la vue en est familière à tous. Le « Tour de l'Inspection » est aussi sacramentel que le « Tour du Bois » à Paris. Saïgon est d'ailleurs une ville très mondaine et le transfert définitif de la capitale indochinoise à Saïgon n'est point pour en atténuer les élégances.

La situation du port de Saïgon le destinait tout naturellement à devenir un port militaire et, surtout un point d'appui de la flotte. Quelques travaux à l'entrée des passes, quelques dragages aux tournants de la rivière ont suffi à rendre le port accessible aux plus forts navires.

Son arsenal qui possède tout l'outillage nécessaire aux réparations les plus difficiles — il y
existe un marteau-pilon de deux tonnes capable
de forger même un arbre de couche — son bassin de radoub de 168 mètres de long qui peut
recevoir les plus grands bateaux de guerre,
assurent à nos escadres un point de ravitaille-
ment et de réfection parfaitement sûr et com-
mode. Les travaux nouveaux qui vont être exécutés augmenteront sensiblement la valeur défen-
sive de cette station.

Une des causes qui promettent à la prospérité
de Saïgon un développement certain, c'est que
toute la navigation du Mékong, c'est à dire tout
le commerce du Cambodge et du Laos, vient
fatalement y aboutir. Le jour où les rapides du
Mékong seront supprimés ou tournés par des
écluses ou des chemins de fer, Saïgon deviendra
le véritable marché du Laos. A l'heure actuelle,
on met quarante jours dans la saison des hautes
eaux, pour aller de Luang-Prabang à Saïgon,
et le transport coûte de 30 à 50 piastres la tonne.
Lorsqu'on fera ce voyage en dix jours et que

le fret ne dépassera pas 10 piastres, bien des marchandises aujourd'hui impossibles à transporter suivront cette voie.

CHOLON

A la porte de Saïgon — 6 kilomètres — se trouve la véritable capitale du riz, en Indo-Chine, la ville de Cholon, une ville sinon beaucoup plus grande au moins beaucoup plus peuplée que Saïgon. Cholon compte aujourd'hui 121.987 habitants dont 41.588 Chinois et 80.061 Annamites. Il s'y rencontre 160 Européens dont 135 Français ou assimilés. Le reste se compose de quelques Cambodgiens, Hindous, Malais, Japonais et Tagals. Dans la saison du riz, il y arrive une population flottante de 15 à 20.000 individus.

Cholon communique avec Saïgon par un chemin de fer, deux voies de tramways à vapeur et de nombreuses voitures. Mais les communications par eau sont bien autrement nombreuses.

Il y a à Cholon neuf fabriques de riz, toutes chinoises — je l'ai déjà dit — même celles dont les directeurs sont français. Ces usines peuvent

travailler par jour — décortiquer, laver, blan-
chir, « glacer » — 96.000 piculs de paddy (68
kilogs au picul) qui donnent 44.000 piculs de riz
« cargo » c'est-à-dire non blanchi ni glacé et
24.200 piculs de riz blanc. L'industrie de la
poterie, la fonderie de cuivre et toutes les industries asiatiques s'exercent à Cholon.

Parmi les autres villes de Cochinchine, il faut
citer Mytho, sur la branche orientale du Mékong.

Mytho est relié à Saïgon par un chemin de fer
que concurrence victorieusement la navigation.
Il y a un collège à Mytho.

Chaudoc, sur le Bassac, branche occidentale
du Mékong, était autrefois le grand entrepôt du
commerce avec le Cambodge. Chaudoc possède
environ 30.000 habitants dont 4.000 Chinois.

Village de Tong-Doc.

LE TONKIN

HISTORIQUE

Le Tonkin ! Il n'y a pas bien longtemps qu'on en peut parler sans soulever l'inquiétude et l'animadversion publiques. Pendant plus de vingt ans, de 1873 à 1894 et même après, le Tonkin apparaissait au public français comme un pays maudit où se répandaient à flots, pour le profit de quelques « tripoteurs », l'argent et le sang de la France.

Et il semblait que les événements eussent pris à tâche de justifier cette formidable réputation. Les millions, en effet, s'engouffraient par vingtaines dans des entreprises, guerrières, fécondes en accidents, en surprises, pleines de mécomptes et quelquefois signalées, par des échecs, peu graves en réalité, mais d'un retentissement de désastre. Car les passions politiques s'étaient emparées du Tonkin pour en faire une plate-forme électorale, une arme de polémique, un thème de récriminations furieuses et de calomnies à outrance. L'ignorance publique, âprement exploitée, s'épouvantait et s'irritait en voyant partir nos jeunes soldats pour des guerres dont le lointain mystérieux exagérait les dangers. Et même dans le Parlement, on pouvait, à certains moments, se demander si les répugnances et la défaveur qui, de temps en temps, s'affirmaient et même se traduisaient par des actes, au lieu d'être, comme on pouvait le croire, des manifestations peu sincères de l'esprit de parti, n'étaient pas l'expression irréfléchie et naturelle d'une ignorance naïvement crédule.

D'ailleurs, l'énormité des fautes commises et leur persistance produisaient des résultats qui permettaient toutes les critiques et pouvaient susciter toutes les craintes. Ces fautes étaient inévitables ; elles découlaient forcément des erreurs commises dès notre arrivée dans le pays, des notions fausses et inexactes jusqu'à l'absurdité qui constituaient notre connaissance des choses et des peuples de l'Extrême-Orient. Dès leur entrée au Tonkin, Dupuis, Garnier, Rivière

et Paul Bert lui-même agissaient sous l'empire
de ces idées préconçues : que les Tonkinois
étaient une nation conquise et opprimée par
l'Annam ; que les mandarins, tyrans du peuple,
étaient exécrés et que le Tonkin tout entier se
lèverait pour seconder les Français le jour où
les Français viendraient pour délivrer le Tonkin
et pour rétablir « l'ancienne dynastie des Lé ».

Cette légende, fausse de tous points, et aussi
les conceptions absolument erronées et contra-
dictoires que nous avions des choses chinoises ont
coûté cher à la France et au Tonkin. L'histoire
de notre établissement dans le pays en est, d'un
bout à l'autre, la preuve. L'origine de nos relations avec le Tonkin remonte à la première expédition de Jean Dupuis, en 1872. Jean Dupuis,
qui avait habité longtemps la Chine — et plus
particulièrement le Yun-nan, — avait passé des
traités avec le gouverneur militaire de cette
province, s'engageant à lui amener, par la voie
du Fleuve Rouge, des armes et des munitions.
Arrivé à Hanoï avec cinq bateaux — dont deux
canonnières à vapeur — le 22 décembre 1872,
Dupuis s'émut beaucoup des difficultés qui lui
furent faites par les mandarins *annamites* de

Hué. Par contre, il s'émerveilla de la curiosité
empressée que lui montraient les habitants *tonkinois*. Dès le premier jour, il eut cette conviction arrêtée que « les Tonkinois nous considéraient
à juste titre *comme des libérateurs* ». (Ernest
Millot. *Le Tonkin*, 1888, chez Challamel, p. 48.)
Ignorant les événements qui se passaient à ce
moment même en Cochinchine, où les Français
venaient à peine de comprimer la révolte de
Rach-Giâ, Dupuis ne se rendait pas compte que
le gouvernement annamite, en guerre avec la
France en Cochinchine, devait nécessairement
se montrer assez mal disposé, au Tonkin, envers
un chef d'expédition portant des armes à un
général chinois dont l'Annam redoutait l'hostilité. Cependant, Dupuis put passer, arriver au
Yun-Nan et en revenir avec une riche cargaison
d'étain. Mais les difficultés et les hostilités
ouvertes qui se produisirent en 1873, au moment
où il voulut commencer sa seconde expédition,
amenèrent l'intervention de la France. Déjà des
voies de faits et des conflits sanglants avaient
créé un véritable état de guerre. Et M. Millot
disait en septembre 1893 : « Le maréchal
« N'guyen-Tri-Phong ayant attaqué l'expédition

« — composée de 400 hommes — à la tête de
« cinq mille de ses meilleurs soldats, les Anna-
« mites prirent la fuite aux premières décharges
« et le maréchal également..... *Jean Dupuis et
« son expédition furent regardés par le peuple*
« COMME DES LIBÉRATEURS. Les Tonkinois étaient
« dans la joie ; ils appelaient de tous leurs vœux
« la France qui devait venir *les débarrasser*
« *de leurs persécuteurs et rétablir l'ancienne*
« *dynastie des Lé*, dont les partisans vinrent
« s'offrir, au nombre de plusieurs milliers, pour
« marcher sous nos ordres. »

Francis Garnier, dans sa courte et malheu-
reuse carrière, partagea ce préjugé. Déjà, en
1872, l'amiral Dupré avait été sur le point de
céder aux sollicitations de certains fonctionnaires français qui lui proposaient « de se mettre
« à la tête des Tonkinois révoltés pour secouer
« le joug de l'Annam et rétablir la dynastie des
« Lé ».

Cette première erreur se compliquait d'une
autre méconnaissance encore plus grave des
institutions annamites. Il était admis presque
officiellement que les mandarins étaient exécrés
et méprisés des populations. Cette erreur s'ac-

créditait d'autant mieux que les missionnaires,
très nombreux, et dont les autorités françaises
recevaient les inspirations avec une confiance
absolue, poussaient énergiquement à la suppression des mandarins qui gênaient leur propagande
et s'opposaient à leurs empiètements, considérant, non sans quelque apparence de raison,
que la création de « chrétientés » avec toutes les
conséquences qui en résultaient n'étaient point
sans inconvénients au point de vue du gouvernement annamite. Nous étions donc ainsi conduits
à nous mettre en lutte avec tout ce qui constituait la force du pays : avec le gouvernement;
avec l'administration et son personnel ; enfin,
avec le sentiment national,

Le premier résultat de ces erreurs fut d'amener l'intervention de la Chine au Tonkin. Depuis
longtemps, les rois d'Annam s'étaient affranchis
de la suzeraineté chinoise sinon officiellement —
car ils continuaient de recevoir de Pékin l'inves-
titure du «cachet impérial » — au moins en
fait. Et ce ne fut pas une des moindres causes
du mauvais vouloir de la cour d'Annam à l'égard
de l'expédition Dupuis que l'envoi d'une escorte
chinoise accompagnant l'explorateur et l'offre —

ou la menace — du maréchal Ma d'envoyer un corps d'armée chinois de 10.000 hommes pour appuyer les revendications de Dupuis. Mais lorsque, par le traité de 1874, la France eut imposé son protectorat à l'Annam, les sentiments du roi changèrent. Il se tourna vers la Chine dont la suzeraineté ne le gênait guère, espérant que la Chine le débarrasserait du protectorat français dont, avec raison, il redoutait les conséquences.

Tous nos mécomptes, tous nos échecs, toutes les difficultés que nous avons dû surmonter sont la conséquence directe et inévitable de ces trois causes.

D'autant que l'inconséquence de notre conduite et le défaut de suite de nos idées contribuaient grandement à nous créer des difficultés. Après l'agression rapide et la prise de possesion presque soudaine des villes du delta par Garnier, le traité Philastre, abandonnant le Tonkin, évacuant les villes prises et se contentant d'une déclaration platonique de protectorat, non seulement encouragea mais suscita les résistances. Après notre départ, les « chrétientés » du Tonkin qui, tout naturellement, nous avaient fait accueil, furent massacrées. Et notre absence, pendant sept ans continuée . sans que rien marquât l'intention de la France de rentrer au Tonkin, acheva de ruiner notre prestige.

Aussi, lorsque Rivière, renouvelant l'histoire de Garnier, rentra dans Hanoï, la cour d'Annam d'un côté, la Chine de l'autre, nous firent la guerre; une guerre sourde, d'abord, la cour d'Annam prêchant secrètement la rébellion, et la Chine fournissant secrètement des armes et des hommes aux « Pavillons noirs »; puis la guerre déclarée aboutissant à la prise de Thuan-An et de la rivière de Hué, le 19 août 1893 et les combats de Phung, de Haï-Duong et de Sontay en novembre 1893 ; ce qui, par l'incident de Bac-Lé — qui résulta de notre impatience — amena la guerre de Chine et l'expédition de Formose.

Les traités de 1884 avec l'Annam, de 1885 (le 9 juin) avec la Chine mirent fin aux opérations militaires, mais ne ramenèrent point la paix et la sécurité dans le pays. A la guerre extérieure succédèrent la rébellion intérieure et la piraterie, entretenues et surexcitées par la politique d'annexion violente et le régime militaire pendant que, par une réciprocité naturelle et logique, la rébellion et la piraterie surexcitaient le militarisme et la politique d'annexion.

Tout cela coûtait cher : des millions et des hommes. L'opinion publique s'en inquiétait, d'autant que les résultats n'apparaissaient pas, et si quelques actions d'éclat venaient, de temps à autre, flatter l'amour-propre national, des revers quelquefois pénibles, toujours fortement exagérés et cruellement exploités contre le gouvernement, achevaient de rendre le Tonkin impopulaire. Bac-Lê, Ké-Lung, Lang-Son mirent le sceau à l'impopularité non pas seulement de Jules Ferry, mais du Tonkin lui-même, et le surnom de « Tonkinois » devint, dans la collection des injures parlementaires, le plus sanglant des outrages.

Une fois notre prise de possession officiellement accomplie, non seulement cet état de choses ne s'améliora point, mais il s'aggrava. Le Tonkin continua de coûter presque aussi cher pendant la paix que pendant la guerre et si nous n'étions pas exposés à des échecs militaires, en revanche les surprises, les massacres en détail dans des embuscades, se multipliaient.

Il n'en pouvait être autrement. Nous avions donné à nos erreurs la consécration officielle. Dans le traité de 1884, nous avions établi, de

notre propre chef, cette chimérique dualité que
nous croyions alors encore exister entre le Tonkin et l'Annam. Le traité la proclamait expres-
sément : L'Annam demeurait directement sous
la main de la cour de Hué; au Tonkin, l'administration indigène était placée sous le contrôle
des autorités françaises qui pouvaient « demander » la révocation des fonctionnaires annamites.
A la tribune même de la Chambre des députés,
cette erreur s'affirmait par la voix du rappor-
teur du traité, M. Ténot qui, sans être contredit
par le gouvernement, déclarait que « les provinces
« tonkinoises ont été souvent opprimées et trai-
« tées en pays conquis par les mandarins de
Hué. »

D'ailleurs les événements de Hué, comme il
a été dit précédemment, ne peuvent laisser aucun doute à ce sujet et la correspondance officielle entre le général de Courcy et le ministre
de la guerre précisent avec la plus indiscrète net-
teté les conceptions et les desseins annexionnistes
qui constituaient alors la politique française en
Indo-Chine.

La période de 1884 à 1891 fut cruelle pour le
Tonkin. Cruelle mais grandement curieuse et

pleine d'enseignements qui, fort heureusement, nous ont profité. Pendant ces sept années, le Tonkin prit la première et même l'unique place dans nos affaires indo-chinoises. Le Cambodge, à cette époque, ne comptait pas et, pour qu'on s'avisât de son existence, fallut l'insurrection de 1885, suscitée par les exigences du gouverneur de Saïgon. La Cochinchine, s'isolant dans sa dignité de colonie française, n'avait et ne voulait avoir rien de commun avec le Tonkin. Le résident général de France au Tonkin était alors le véritable chef de l'Indo-Chine, restreinte au Tonkin.

Pendant ces sept ans, sans qu'il y ait lieu de spécifier le nom du gouverneur en fonction, la situation au Tonkin demeura constante, toujours identique sous des apparences diverses, toujours troublée par les mêmes accidents, se produisant par d'autres hommes en d'autres lieux, mais toujours pour les mêmes raisons et avec les mêmes résultats.

La situation, pendant ces sept ans, put se résumer en quelques lignes. La cour de Hué, se sentant menacée de perdre le Tonkin d'abord, puis l'Annam, c'est-à-dire craignant d'être détruite, faisait le plus de mal possible à ses ennemis. Elle observait de son mieux les apparences diplomatiques, multipliant les protestations, les réclamations, les remontrances dès que l'occasion s'en présentait et, sous main, soufflant dans les populations la haine de l'étranger, la rébellion et la guerre.

Les populations, d'abord indécises puis devenant hostiles, — les corvées militaires suffisant à les mécontenter, — affamées d'autre part et appauvries parce que l'état de guerre empêchait la cultures et ruinait les villages, suivaient l'impulsion occulte du gouvernement, s'insurgeaient, faisaient de la piraterie. Les mandarins, traités en ennemis, favorisaient la rébellion. Et dans un pays difficile où tout était contre nous, nos forces et notre argent se dépensaient en expéditions qui jamais ne voyaient l'ennemi, mais qui toujours perdaient des hommes, quelquefois par le feu dans des embuscades invisibles, le plus souvent par la maladie et les fatigues.

Dans le Delta, la rébellion ; dans les montagnes, la piraterie; partout le mauvais vouloir des populations et l'insalubrité de la forêt ou du marécage. Nulle part aucun commerce possible, sauf dans deux ou trois villes. En 1889, presque tous les résidents resserrés dans les villes de leur gouvernement, voyaient chaque soir brûler les villages à quelques kilomètres de leur poste. « Pirates et rebelles » disait, en 1888, un rapport officiel, « ont réussi à soumettre toute la région « à leur volonté et à s'y imposer sans réserve, « grâce à la complicité générale, spontanée ou « forcée de la plupart des fonctionnaires. »

Contre cette révolte universelle, les forces militaires, même les plus nombreuses, demeuraient impuissantes. Nous avions au Tonkin plus de 30.000 hommes à ce moment et pas une fois une force française n'a pu rencontrer une troupe armée qui lui résistât en face. Le Tonkin était une immense Vendée où les bandes insurgées apparaissaient le soir, disparaissaient le matin, se dispersant et se réunissant en un clin d'œil. Dans les forêts, les repaires des pirates, introuvables et inabordables, quand même on les eût connus, abritaient de véritables camps de bandits inféodés à un chef, vivant de pillages et de contrebande. Dans la brousse, au fond des défilés que l'épaisseur des buissons rendait à peu près impraticables, tout détachement qui se hasardait risquait de recevoir, presqu'à bout portant, la décharge d'une embuscade impossible à soupçonner ; et après le feu, jamais on ne parvenait à voir les agresseurs.

De 1884 à 1891, c'est là toute l'histoire du Tonkin.

De 1872 à 1887, la Métropole avait payé plus de 195 millions pour le Tonkin — guerre de Chine comprise. — De 1887 à 1891, la Métropole et la Cochinchine ont payé pour les dépenses militaires du Tonkin 167.952.000 francs et le Tonkin lui-même en a acquitté 20 millions. On voit ce qu'a coûté la conquête.

En 1890, le gouverneur général par intérim fixait d'un mot la situation financière du Tonkin : « *un Lang-Son financier* ». Et il n'y avait plus au Tonkin ni matériel, ni vivres, ni travaux publics ; rien que 30.000 soldats et le régime militaire.

Or, s'il est nécessaire pour la conquête, le régime militaire est mortel à la colonisation. Toute expédition en pays sans route est désastreuse rien que par la réquisition des porteurs. L'histoire douloureusement actuelle des missions militaires en Afrique vient d'en donner de terribles exemples. Le recrutement par force des coolies a fait au Tonkin autant d'insurgés et de pirates qu'on a requis de porteurs et même davantage car les familles des coolies réquisitionnés demeuraient acquises à l'insurrection. L'incendie des villages — pour les punir d'avoir accueilli les pirates auxquels ils n'avaient ni les moyens ni l'envie de résister — achevait de dépeupler le pays. On coupait des têtes, beaucoup de têtes, on razziait les troupeaux de buffles ou de bœufs. Et ces dévastations, qui transformaient en déserts des provinces entières, acculaient, en même temps, les populations à la famine et le gouvernement à la faillite.

D'ailleurs, au plus fort de ces troubles et de ce désarroi, le gouvernement, formulant d'un mot ses conceptions et ses vues, déclarait « qu'il « fallait administrer le Tonkin comme un dépar- « tement français.

L'événement a jugé la valeur de ces conceptions. Il a suffi d'un changement complet de politique pour changer complètement la situation du pays. Le jour où la cour d'Annam fut rassurée sur son existence par ses conversations avec M. de Lanessan, elle donna des ordres qui furent

écoutés, pour mettre fin à la rébellion. En moins
de quinze jours l'insurrection avait disparu. Ce
fut si rapide qu'on n'y voulut pas croire. Cependant la tranquillité fut rétablie. L'insurrection
cessa comme cesse une guerre au lendemain
d'un traité de paix. Les pirates, que ne soutenaient plus les populations et que ne renseignaient plus les autorités indigènes, purent être
refoulés sur les montagnes. Et pour les réduire
à l'impuissance il suffit de percer quelques
routes, d'établir quelques postes fortifiés. L'action militaire, restreinte à quelques territoires
peu et mal habités, subordonnée à l'autorité
civile, s'atténua, cessa d'être dévastatrice ; et, le
travail redevenant possible, les terres remises
en culture, le commerce peu à peu rétabli ramenèrent l'aisance dans les populations, l'équilibre
dans les finances.

Les finances qui sont le plus sûr criterium
des gouvernements fournissent sur le Tonkin des
renseignements dont la concordance significative mérite qu'on la signale. De 1886 à 1891,
la marche du budget des recettes au Tonkin
a suivi avec un parallélisme absolu la marche
de la politique gouvernementale. De 1886 à 1893,

le budget militaire coûtant 35 millions, — chiffre qui s'est maintenu jusqu'en 1892, — les recettes du Tonkin, prévues et encaissées, ont été :

Années	Prévisions	Encaissements	Différences
	piastres		piastres
1886..	2.938.437	2.608.765	— 329.672
1887..	3.715.000	3.782.679	+ 67.679
1888..	4.530.000	3.470.665	—1.059.335
1889..	4.802.500	3.862.406	— 940.094
1890..	5.279.239	3.759.855	—1.519.384
1891..	5.058.145	4.447.799	— 610.346
1892..	4.332.423	4.792.502	+ 460.070
1893..	4.895.398	5.548.014	+ 652.616

La justesse et la sensibilité de ce criterium apparaissent vraiment avec une précision merveilleuse. Le court passage de M. Constans se fait sentir par une plus-value modeste de 67.679 piastres. L'année où le Tonkin fut administré « comme un département français » se signale par un magnifique mécompte de 1.519.384 piastres ; et l'avènement de la politique du « Protectorat loyal » est marqué par l'inversion définitive des signes. Le signe *moins*

disparaît et les plus-values commencent, dimi-
nuées légèrement en 1896, mais reprenant leur
cours, désormais interrompu, à partir de 1897.
Il y a là, ce me semble, un témoignage de quelque
valeur.

LA POLITIQUE ACTUELLE

Ainsi, cette politique nouvelle a donné ses fruits : la prospérité de l'Indo-Chine. On n'ose plus, aujourd'hui, la contester, et ceux-là même qui l'ont combattue avec le plus d'acharnement, ceux qui, le 29 décembre 1894, obtinrent comme une revanche décisive la disgrâce de M. de Lanessan, coupable d'en avoir été l'initiateur, sont contraints de reconnaître que l'événement les a condamnés.

Ainsi le Tonkin a été pour nous une grande et coûteuse école dont les enseignements, chèrement payés, nous ont profité déjà et nous profiteront encore bien davantage. Les événements qui, pendant ces dernières années, se sont déroulés en Afrique, ont apporté aux leçons que nous avait données le Tonkin la confirmation d'une série de catastrophes. Il a bien fallu reconnaître et il faudra bien comprendre une fois pour toutes qu'on ne colonise point par la violence ; qu'on ne s'établit pas solidement dans un pays en y coupant des têtes ou des mains ; qu'on ne change pas par la contrainte les mœurs, l'esprit, les habitudes, la pensée et l'âme d'un peuple, surtout lorsque ce peuple, comme les races jaunes, a pris le pli moral et intellectuel de traditions maintenues pendant une longue série de siècles ; qu'enfin, il est infiniment plus facile d'obtenir par la douceur, par la bonté, par la justice, l'obéissance d'abord, puis l'affection de populations intelligentes et pacifiques que l'intérêt rendra promptement dévouées lorsqu'au lieu de se traduire par des violences notre domination se traduira par des bienfaits.

En même temps que cette conviction s'imposait aux milieux politiques, elle pénétrait dans les masses sous une forme plus simple mais non moins décisive. N'entendant plus parler d'expéditions militaires, de surprises, de massacres, ni, surtout, de nouveaux déficits à combler ; voyant au contraire se construire de grands travaux publics, s'établir des voies de communication, se créer des relations commerciales, l'opinion publique s'est rassurée. Mieux renseignée, elle s'est réconciliée avec le Tonkin, avec l'Indo-Chine. Le mouvement colonial qui, depuis

quelques années, s'est propagé en Europe, a
donné aux « gens du monde » et aux classes
populaires, aujourd'hui plus curieuses de s'ins-
truire, une connaissance moins rudimentaire
et moins fantaisiste des possessions françaises
en Extrême-Orient. Et l'appel fait au crédit par
M. Doumer a été entendu non seulement par
les financiers, mais surtout par la petite épargne.
Ceci mesure le chemin parcouru depuis 1891 ;
quel accueil, en effet, aurait fait l'épargne publique, en 1887, à un emprunt « tonkinois » ?

Ce n'est pas seulement l'Indo-Chine qui pro-
fitera de cette orientation nouvelle donnée désormais à notre politique coloniale. Il est permis
d'espérer que ces principes, sommaires mais
essentiels, seront mis en pratique dans toutes
nos colonies. Ce sera un immense service rendu
par le Tonkin à la France ; et voilà pourquoi
il m'a paru qu'il convenait de placer en tête
de cette étude sur le Tonkin cet exposé de doc-
trine coloniale.

GÉOGRAPHIE — POPULATIONS

Si le Tonkin n'a pas encore l'importance financière et commerciale de la Cochinchine, il est destiné non seulement à l'égaler mais à la dépasser. Déjà plus vaste d'un tiers — 90.000 kilom. carrés contre 60.000 — il est certainement assuré de s'agrandir, et l'occupation récente de Kouang-Tchéou-Ouan lui est une promesse à peu près certaine d'une considérable extension de territoire dans un avenir que les convoitises anglaises-allemandes — et russes-japonaises aussi — rapprocheront probablement.

La frontière septentrionale du Tonkin court en replis bizarres entre le 22° et le 24° de latitude nord, séparant le territoire annamite des provinces chinoises du Yun-nan et du Kouang-Si. A l'extrémité est, cette frontière, sur une ligne assez courte, est limitrophe du Kouang-Tong.

A l'ouest, sur une assez grande étendue, la limite demeure encore indécise entre le Haut-Laos et le Tonkin. Il y a là un réseau de vallées, un lacis de montagnes à peine explorées, inhabitées en certaines régions et qui n'ont encore aucune organisation administrative. Théoriquement, la frontière entre le Laos et l'Annam doit suivre « la crête des montagnes de l'Annam ». En fait, les « Hua-phans » qui appartiennent au Laos sont situés sur le versant oriental des montagnes et tiennent les sources du Song-Ma et du Song-Ca qui sont des rivières du Tonkin et de l'Annam. Au sud, c'est entre la province tonkinoise de Ninh-Binh et la province annamite de Thanh-Hoa que passe la ligne de limite entre le Tonkin et l'Annam.

J'ai déjà indiqué dans la partie générale de cette étude la configuration du Tonkin : la grande vallée du Fleuve Rouge, étroite et profondément encaissée dans sa partie supérieure et s'épanouissant, à partir de Hong-Hoa, en un immense delta ; les deux vallées transversales de la Rivière-Noire et de la Rivière Claire, venant, la première « du pays des Muongs », la seconde du « pays des Thôs » ; la vallée secondaire du Song-Ma, dont le delta se confond avec celui du Song-Koï ; au nord, du côté de la Chine, les vallées étroites et accidentées d'une foule de petits cours d'eau formant deux rivières, celle de Cao-Bang et celle de That-Kè dont la réunion à Lang-Tchéou forme le Tso-Kiang ou Li-Kiang, affluent du Sé-Kiang, affluent lui-même de la rivière de Canton.

Les régions montagneuses et embroussaillées du nord ont été longtemps le repaire de nombreuses bandes de pirates qui, presque inattaquables dans leurs refuges, descendaient tantôt en Chine, tantôt au Tonkin, pillant l'un et l'autre pays alternativement, vendant volontiers en Chine les femmes enlevées au Tonkin et réciproquement, et faisant de la contrebande encore plus volontiers que du pillage. La destruction des repaires du Yen-Thé — dénoncée à la Chambre comme « un désastre » sur le simple énoncé d'une dépêche qui annonçait trois officiers tués — et la soumission moitié forcée moitié volontaire des principaux chefs a rendu cette région à l'agriculture, ou tout au moins à une certaine exploitation.

Ce « pays des Thôs », où cependant les Annamites sont en majorité, n'a qu'une population peu dense, mêlée de Thôs qui sont d'origine laotienne et parlent une langue tellement rapprochée de celle du Laos que les indigènes des deux pays — comme aussi les Siamois — se comprennent entre eux assez facilement. Les mélanges de race où domine le chinois ont produit des « *Mans* », des *Mungs* et des *Méos* qui se rapprochent beaucoup du type chinois. Les Chinois sont relativement nombreux : dans le cercle de Cao-Bang on en compte 1.300 ; dans la province de Mon-Kay, ils constituent les 2/5 de la population — 13.500 Chinois contre 19.000 Annamites. Les Thôs sont au nombre de 20.000 dans la seule province de Thaï-N'guyen.

La région montagneuse de la haute vallée de la Rivière Noire forme « la province des Muongs ». Ce pays paraît avoir été le commun refuge des populations d'origine malaise, — Moïs ou Mans, — refoulées du littoral vers l'intérieur et des populations laotiennes, Thaïs ou Khas, refoulées des bords du Mékong vers la montagne. Ces territoires, imparfaitement connus jusqu'à l'exploration du Laos et même jusqu'à notre prise de possession, ont aujourd'hui reçu une organisation régulière qui fonctionne paisiblement depuis que, tenant compte des mœurs des populations, M. de Lanessan, alors gouverneur général, décida que les autorités indigènes seraient de race muong en pays muong.

La population totale du Tonkin n'est connue que très approximativémont. Les uns, comme M. Lemire de Vilers, lui donnent 15 millions d'habitants ; d'autres restreignent ce chiffre à 12 millions. Nous ne connaissons même pas exactement le chiffre des Français établis dans le pays. Cependant on compte à peu près 2.000 fonctionnaires en Annam-Tonkin et un millier de colons, commerçants, industriels répandus dans le Tonkin même.

Le climat du Tonkin est meilleur pour l'Européen que celui de la Cochinchine. De novembre à mars, les vents dominants du nord-est, — d'ailleurs ordinairement très faibles, — abaisssent la température à une moyenne de 20°, descendant à 16° la nuit, ne dépassant guère 24° le jour. Les brouillards et le « crachin », indice de temps calme, sont fréquents dans cette saison. En décembre et janvier, le thermomètre descend quelquefois jusqu'à 10°. C'est un véritable hiver, pendant lequel on se refait de l'ané-

mie produite par l'été. Mai et juin sont la saison
des pluies chaudes ; août et septembre, la saison des typhons, venant du sud. La température
se maintient entre 28 et 30°, avec les « coups de
chaleur » jusqu'à 35° et même 40°.

Le delta n'est point malsain. La montagne est
fiévreuse par la mauvaise qualité des eaux, satu-
rée de détritus organiques. Mais le drainage des
eaux et la mise en culture assainissent assez
rapidement un territoire. Comme le Mékong le
Fleuve Rouge continue son œuvre de conquête
sur la mer. Les atterrissements sont réguliers
entre les embouchures et, surtout dans la direction du sud, les courants portant régulièrement
de l'est à l'ouest et suivant la configuration de la
côte, s'infléchissant vers le sud-ouest. La plage
entre Taï-Binh et Thanh-Hoa gagne chaque
année une centaine de mètres sur la mer.

La faune et la flore du Tonkin sont à peu près
les mêmes que celles de la Chine méridionale.
On y trouve les mêmes espèces végétales, le
thé à l'état spontané, le cardamome, le mûrier.
La culture du riz est à peu près la seule du
Delta. Mais, depuis quelques années, de grandes
plantations sont faites au Tonkin : le café, le

coton, le cacao, les arbres à caoutchouc y ont été essayés avec succès. Les légumes d'Europe y viennent fort bien et les arbres fruitiers également, sauf la vigne. Le letchi — commun au Japon — est abondant au Tonkin.

Le tigre, l'éléphant, la panthère sont fréquents dans les pays boisés. Le buffle sauvage, les cerfs, les singes sont communs. Parmi les animaux domestiques le buffle tient la plus grande place. C'est la bête de labour et de charroi. Le mouton réussit peu. En revanche le porc pullule et la race tonkinoise, améliorée par quelques croisements, est très appréciée.

Le delta du Tonkin est un immense marais; il est naturel que les oiseaux aquatiques y abondent. Le canard s'y rencontre en immenses troupeaux. Si bien qu'on les exporte : le canard « laqué » est un mets de prédilection pour les Chinois.

LE GOUVERNEMENT LOCAL

La création du budget général de l'Indo-Chine et le transfert de la capitale à Saïgon auraient dû faire perdre au Tonkin quelque chose de sa prépondérance sur les autres pays de l'Indo-Chine. Cependant, sauf quelques changements dans les mondanités d'Hanoï, il ne paraît pas que la perte soit sensible. C'est tout au plus une petite blessure d'amour-propre et, au fond, il y a lieu de croire que ce déplacement gouvernemental, loin de nuire au Tonkin, pourra lui devenir avantageux.

Les intérêts particuliers du Tonkin, en effet, ne peuvent que profiter de cette séparation qui laisse au gouvernement local sinon plus d'autonomie au moins plus de liberté d'action et d'initiative. Le particularisme fâcheux qui si souvent a mis en lutte le Tonkin et la Cochinchine disparaîtra certainement ; surtout si, comme on peut le supposer l'unification, de l'Indo-Chine, produisant tous ses effets logiques, fait rentrer la Cochinchine dans le rang en la soumettant au même régime que les autres pays de l'Indo-Chine.

Le Tonkin, dans l'organisation actuelle de la colonie, est administré par un résident supérieur, sous les ordres du gouverneur général. Il est divisé en quatorze provinces — quinze depuis peu — et quatre territoires militaires, subdivisés chacun en trois cercles. Les provinces ont des résidents à la tête de leur administration. Mais le rôle des résidents n'est, officiellement, qu'un rôle de surveillance et de contrôle. Au-dessous de l'administration française, parallèlement à elle, fonctionne l'organisation des autorités indigènes. A côté du résident général, un Tong-Doc, chef gouverneur, ayant sous ses ordres un *Quan-Bo* ou administrateur, chef des phu et des huyens — les préfets et sous-préfets annamites — et un *An-Sat* ou lieutenant criminel, chef de la justice indigène ; dans chaque province un An-Sat, juge civil et criminel, un nombre variable de Quan-Bo de phu et de huyens ; tel est le cadre administratif. Sous cette hiérarchie, les autorités élues : les chefs de canton, les chefs de village, les notables, enfin les « inscrits » qui sont, pour ainsi dire, des électeurs censitaires, possédant quelque chose ou payant l'impôt.

Cette superposition des autorités françaises aux autorités annamites ne s'est point réalisée sans quelques accrocs. Jusqu'en 1890, les résidents armés de pouvoirs à la fois civils et militaires, considéraient les fonctionnaires annamites comme absolument négligeables et les traitaient avec plus de brutalité que de considération. Chaque résident, ayant des forces militaires à sa disposition, des gardes civiles, jouait au stratège et gouvernait dans un perpétuel état de siège. Le mandarin, naturellement, répondait à ces procédés fâcheux par une hostilité persistante. Le jour où, dépossédés de leurs petits commandements militaires, ramenés à leur rôle de contrôleurs et de surveillants, les résidents durent laisser aux autorités indigènes la police locale ; le jour surtout où la création des *linh-co* mit entre les mains des fonctionnaires annamites une force de police locale suffisante — 5.000 linh-co pour le Tonkin — les autorités indigènes, respectées et obéies, rétablirent l'ordre et, facilitant la tâche des résidents, se réconcilièrent avec eux. Aujourd'hui le régime fonctionne sans le moindre heurt.

LE BUDGET LOCAL

Au point de vue budgétaire, l'unification a profité au Tonkin qui n'est plus seul responsable des dépenses militaires. Avant 1898, le budget local — les dépenses militaires faisant l'objet d'un compte spécial — se montait pour l'exercice 1897 à 7.894.216 piastres en recettes. L'unification a fait sortir de ce budget les recettes des douanes et régies, des postes et télégraphes et des chemins de fer, qui s'élevaient, pour l'année 1897, à 4.549.227 piastres. Il ne devrait donc rester, au budget local actuel, que 3.344.989 piastres. Mais les prévisions pour 1900 portent à 648.649 piastres la plus-value sur laquelle on croit pouvoir compter. Le budget du Tonkin pour 1900 est donc arrêté à 3.993.638 piastres en dépense comme en recette.

Dans ces recettes l'impôt annamite — dont le fonctionnement a été expliqué à propos du budget de la Cochinchine, — compte pour 3.468.000 piastres. En 1897, il en a produit 2.939.315.

Mais l'augmentation considérable du nombre des inscrits et la mise en culture de quantités notables de terres ont permis d'espérer une plus-value marquée.

L'immatriculation des asiatiques étrangers — dont la carte d'identité, moins primitive que l'empreinte des pouces pratiquée en Cochinchine, est photographique — ne fournit qu'une recette de 16.000 piastres alors qu'elle en donne, en Cochinchine 1.150.000. On voit combien les Chinois sont moins nombreux et moins riches au Tonkin ; ou plutôt on voit combien le Tonkin est inférieur à la Cochinchine au point de vue de la production du riz, car où vient le riz, vient le Chinois. Par contre, l'enregistrement des brevets des mandarins, article qui ne figure pas au budget de la Cochinchine, rapporte 8.000 piastres au budget du Tonkin. Le fait ne manque pas de signification.

Un autre chiffre qui mérite d'être signalé c'est celui des « amendes prononcées contre les « villages et les notables indigènes soit par les « tribunaux annamites, soit par voie administra- tives. » Le total est de 5.000 piastres. Nous sommes loin du temps où, dans une seule province, un résident frappait les villages d'une série d'amendes dont le montant dépassait 30.000 piastres. Le chiffre de 5.000 piastres atteste le calme absolu du pays. Pourtant mieux vaudrait encore que l'administration n'eût pas à user de ce moyen.

Dans les dépenses, l'administration française prend 705.000 piastres ; l'administration indigène 253.000. La garde indigène, à la disposition des autorités françaises, coûte 680.000 piastres ; les *Linh-Cô*, 195.000.

L'instruction publique reçoit 903.837 piastres, dont environ 37.000 pour le personnel européen, 155.000 pour le personnel annamite, 22.000 piastres pour les bourses, subventions et entretien de soixante-cinq élèves à l'école de Yen-Phu (préparation aux grands examens) à raison *de 3 piastres par élève* et par mois pendant dix mois — un peu moins de 50 centimes, exactement 47 centimes — par jour et par tête.

L'instruction annamite est très répandue. Dans chaque village il y a une « école de caractères », c'est-à-dire d'écriture chinoise. Le collège des interprètes, à Hanoï, compte quatre-vingts élèves. L'utilité de cet établissement est incontestable car la défectuosité — pour ne pas dire plus — des interprètes n'a pas été une des moindres causes de nos mésaventures au Tonkin. Mais combien plus utile encore est la mesure prise par M. Doumer pour imposer aux fonctionnaires français, dans la mesure du possible, la connaissance de la langue annamite. Il est temps que nous comprenions la nécessité d'apprendre les langues des indigènes de nos possessions et l'inconvénient, quelquefois grave, de trop leur enseigner la nôtre.

Le crédit affecté aux travaux publics n'est que 379.000 piastres, c'est-à-dire 909.000 francs. Mais il ne faut pas oublier que sur l'emprunt de 200 millions la plus forte part — on pourrait presque dire la totalité — s'applique aux chemins de fer qui, tous, appartiennent au Tonkin.

L'AVENIR DU TONKIN .

On pourrait, à première vue, croire qu'il y là une faveur excessive au bénéfice du Tonkin, au détriment des autres pays de l'Indo-Chine. Mais ce n'est en réalité que la constatation spontanée et résultant de la force des choses de l'importance supérieure que le Tonkin doit prendre inévitablement et à bref délai, dans notre empire indo-chinois.

Les chemins de fer, en effet, n'étaient nécessaires — et même on peut dire qu'ils n'étaient possibles — qu'au Tonkin. La Cochinchine et le Cambodge ont des communications maritimes et fluviales qui rendraient les chemins de fer non seulement inutiles mais ruineux. L'exemple de la ligne Mytho-Saïgon ne laisse aucun doute à cet égard. Le Laos, pendant bien longtemps encore, pourra se contenter du Mékong, rendu navigable sur la plus grande partie de son parcours.

L'Annam ne peut espérer qu'à longue échéance la construction d'une ligne qui, longeant la mer, relie Hué à Hanoï d'abord, puis plus tard à Saïgon. Encore cette ligne n'aura-t-elle dans son premier tronçon qu'une utilité politique, et sa seconde section ne peut guère être envisagée que comme un luxe.

Tout autre est la situation du Tonkin. Il y a, dans la situation même de ce pays, des nécessités et des avantages qui forceront son développement, s'imposeront à son avenir et, déjà, lui ont valu, à l'exclusion des autres pays, un réseau complet de chemins de fer.

Certes, la Cochinchine peut voir s'agrandir son domaine cultivé. Son avenir est dans la mise en culture des terrains noyés qui, couverts aujourd'hui de joncs et de roseaux, deviendront de magnifiques rizières, La Cochinchine est appelée à devenir pour l'Asie ce que fut l'Égypte pour le monde ancien, le grenier d'abondance, la grande nourricière, le « pays du riz ».

Le Cambodge partagera, dans une certaine mesure, ce privilège. Le Laos lui-même, riche des bords du fleuve, prendra sa part de cette production. Mais l'avenir de la Cochinchine et du Cambodge, si brillant qu'il puisse être, est borné. Celui du Tonkin ne l'est pas.

Même dans ses limites actuelles le Tonkin a de quoi grandir. C'est à peine si la cinquième partie de sa superficie est en valeur ; et l'extraordinaire densité de sa population dans le triangle étroit du Delta dénote une exceptionnelle fécondité. Mais on ne saurait dire du Tonkin comme de la Cochinchine que les parties montagneuses et peu habitées n'ont pas grande valeur. Le Tonkin n'a pas de « mauvaises terres » ; les territoires encore inexploités sont tous susceptibles de prendre une plus-value inestimable. Déjà dans les provinces du nord, en plein territoire militaire où, depuis qu'on ne se bat plus, on commence à faire œuvre utile, se révèlent des richesses agricoles de haute valeur. Le cercle de Cao-Bang, par exemple, est en passe de devenir un jardin et un verger capable d'approvisionner le Tonkin tout entier. Toute la partie orientale du Tonkin est destinée à devenir un pays de culture riche, produisant la soie, le thé, le cacao, la cannelle, le manioc, la badiane, la laque, le café. Les exploitations forestières y trouveront aussi des richesses.

A l'ouest, la province Muong, encore à l'état

d'organisation rudimentaire, ouvre une marge considérable au développement de l'agriculture. Et les deux régions ont cet avantage inappréciable qu'elles sont habitables à l'Européen, qu'elles ont un hiver, que l'équilibre de leur climat rend possibles presque toutes les cultures; qu'enfin elles ne sont pas, comme le Laos, à des distances qui se calculent par semaines d'étapes et que, le progrès se faisant, les voies de communication se feront rapides et fréquentes. Ainsi, même dans ses limites d'aujourd'hui, le Tonkin a de la marge.

Mais il a derrière lui un champ d'expansion ou même d'extension indéfini : la Chine. A supposer, ce qui n'est guère probable, que les limites actuelles des deux pays ne doivent point être déplacées, le voisinage de la Chine est pour le Tonkin une promesse suffisante d'avenir. Au nord-ouest, le Yun-Nan dont le commerce peut suffire à rémunérer tous les efforts et toutes les dépenses qu'exigera l'établissement d'un chemin de fer ; au nord, le Quang-Si, dont les produits mettent près de deux mois à se rendre à Canton ; voilà de quoi donner au Tonkin une expansion commerciale et industrielle hors de pair. De Hanoï à Lang-Tchéou, en quelques heures, la marchandise qui coûterait six semaines de temps et 100 francs au moins de transport par tonne — sans compter les accidents — pour se rendre à Canton arrivera sans avaries à tiers ou quart de prix sur les quais d'Haïphong. Là, le chemin de fer, commercialement encore plus que politiquement, était nécessaire. Ailleurs, aucune ligne n'était désirable. Au Tonkin, toutes les lignes étaient obligatoires, forcées.

Depuis plus de quinze ans, l'Angleterre au Siam et en Birmanie cherche « la route directe sur la Chine ». Par Korat ou par Xieng-May, M. Colquhoun et d'autres proposaient une ligne ferrée, reliant les possessions anglaises au Yun-Nan. Et longtemps on a pu croire que par Rangoun, Mandaley, Kun-Long et Ta-li-phu, l'Angleterre arriverait bonne première. Aujourd'hui, la France tient la concession de Lao-Kay à Yun-Nan-Sen ; et nous pouvons espérer d'atteindre cette ville avant que les Anglais arrivent à Ta-li-phu. Le commerce du Yun-Nan est assuré au Tonkin.

Mais les événements qui, pendant les dix

dernières années, ont agité l'Extrême-Orient préparent à la Chine un sort qu'il lui sera bien difficile d'éviter. Déjà, les « amputations » plus ou moins violentes ont commencé. L'empire chinois est entouré de voisins qui, tous, ont l'appétit ouvert et les griffes promptes. Pour le gouvernement de Pékin, plus que pour le commun des martyrs est cruellement vrai le proverbe qui dit « qu'un malheur ne vient jamais seul ». Dès qu'un affamé quelconque a mordu sa bouchée, tous réclament leur lopin et tous l'obtiennent. La Chine est sur le tapis vert de la diplomatie comme un gâteau dont on ne coupe jamais une part toute seule. Jusqu'ici, dans cette curée de tous les instants, nous avons été plus que modestes, presque lésés, presque dupes ; et il a fallu des circonstances particulières pour que nous ayions cru pouvoir exiger la cession récente de la baie de Kouang-Tchéou-Wan et d'un morceau de territoire autour. Il est fatal que, sur l'initiative soit de la Russie, soit de l'Allemagne, soit de l'Angleterre ou même de l'Italie, d'autres « compensations » doivent être exigées ; et il est permis de prévoir qu'un jour — point très éloigné, peut-être — la frontière tonkinoise partant de Kouang-Tchéou-Wang et montant droit jusqu'au fleuve de Canton, nous donnera, au nord du Tonkin des limites naturelles.

LES PROGRÈS ACCOMPLIS

COMMERCE — NAVIGATION — MINES — AGRICULTURE

Voilà pourquoi, malgré le déplacement de la capitale, l'infériorité actuelle de son budget, de son commerce et de sa navigation, le Tonkin demeure le pays le plus important de l'Indo-Chine. C'est là que se trouve le plus grand avenir.

Déjà, d'ailleurs, le Tonkin a donné la mesure de sa marche dans le progrès. En 1883, le total de son commerce extérieur arrivait à 7.418.553 francs, a dépassé, en 1893, 69 millions et s'est maintenu en augmentation régulière jusqu'à ce jour. Le rendement des taxes sur l'alcool accuse un mouvement industriel régulièrement croissant. La vente a augmenté dans des proportions notables.

Le mouvement général de la navigation au Tonkin a beaucoup augmenté dans les dix dernières années. Il n'est pas facile de préciser

exactement cette augmentation par des chiffres,
le cadre des statistiques ayant été modifié plusieurs fois, de façon à rendre les comparaisons
à peu près impossibles. De 1889 à 1895, l'état
est établi par « tonneaux ». Le nombre de tonneaux pour 1889 est de 21.295 sous pavillon
français, et 81.664 sous pavillons étrangers;
total, 102.959. En 1891, le tonnage français
monte à 86.764, c'est-à-dire qu'il quadruple;
en 1894, il arrive à 123.613; le tonnage étranger est de 126.466, total, 250.079; c'est-à-dire
une augmentation de 150 %, de 1889 à 1894.

Actuellement les statistiques sont établies sur
un autre modèle. Voici, pour 1898, le tableau
relatif au Tonkin,

Entrées.

		Nombre	Tonnage	Val. de charg*.
Navires	français..	132	132.827	32.470.066
	étrangers.	915	195.640	12.682.890
Totaux....		1.047	328.467	45.152.956

Sorties.

Navires	français..	130	130.315	7.091.068
	étrangers.	752	186.040	10.334.142
Totaux......		882	316.355	17.425.210

Dans ces chiffres ne sont pas compris le cabotage — jonques chinoises et chaloupes — et la navigation fluviale.

La statistique minière du Tonkin atteste la richesse minéralogique du pays. Il y avait à fin mars 1899 un total de 339 périmètres miniers inscrits au Services des mines dont 125 portaient sur des mines de charbon. La distribution par provinces de ces concessions n'est point sans intérêt. La province de Quang-Yen possède deux grandes exploitations de houille : celle de Hone-Gay et celle de Kébao. Les houilles du Tonkin, quoique donnant beaucoup de chaleur, ont l'inconvénient d'être des houilles maigres, ne brûlant bien que si elles sont entassées et nécessitant un grillage de foyer spécial. Toutefois, à mesure que l'extraction atteint des couches plus profondes, la qualité s'améliore. Les gisements du Yen-Baï paraissent avoir des couches plus grasses et de longue flamme.

Les exploitations de Hone-Gay et de Kébao n'ont surmonté qu'à force de patience, de persistance et de sacrifices les difficultés résultant de la nature de ces houilles. L'exploitation de Kébao, compromise un instant, est en voie de réorganisation.

L'exploitation de Hone-Gay, en 1899 a fourni 261.281 tonnes sur lesquelles 226.000, environ ont été exportées.

La province de Yen-Baï compte, à elle seule, 80 demandes de concession de houille ; la province de Hung-Hoa 28; Laokay 6. L'antimoine paraît abondant. Les demandes pour la province de Quang-Yen sont au nombre de 29 ; dans le cercle de Mon-Cay, 28. Il existe 20 périmètres de cuivre ; 8 de pétrole, 31 de lavages d'or, 13 de galène, 2 de zinc. Dans la province Muong, de nombreuses recherches sont en cours. Les Muongs n'ont jamais entrepris l'exploitation des mines, toujours entravée, d'ailleurs, par les mandarins annamites. Quelques lavages d'or avaient été établis par des Chinois. Il est probable que la reconnaissance géologique des montagnes du nord-ouest donnera des résultats intéressants.

Mais c'est surtout au point de vue de l'agriculture que sont remarquables les progrès du Tonkin. Sans parler de l'augmentation des rizières due à la réfection et à l'entretien des digues du Fleuve Rouge, il faut signaler le mouvement accentué des cultures françaises.

Marché à Bac-Lé.

De nombreuses concessions de terres ont été obtenues et des fermes importantes se sont créées dans les provinces de Nam-Dinh, de Hanam (café), de Bac-Ninh (café, thé, élevage, beurre et fromage, une plantation de vignes), de Sontay (mûriers), de Quang-Yen, etc. Dans la région du nord-est le thé, la cannelle ont été essayés. L'agriculture paraît se développer rapidement et les capitaux français commencent à s'y porter.

Les industries particulières au pays, la marqueterie d'incrustation, l'orfèvrerie, la broderie, la teinture des soies n'ont pas périclité. J'ai déjà dit la quantité considérable d'or en feuilles qui vient de Chine en Indo-Chine (3.283.525 francs en 1898) pour la fabrication des bijoux indigènes. Les ouvrages en laque, en ivoire, en bronze, sont plutôt en augmentation. Des industries nouvelles ont été créées : papeterie, fabriques d'allumettes, fabriques de glaces, distilleries, filatures de coton et de soie, etc.

HANOÏ ET HAÏPHONG

Les changements qui se produisent dans les grands centres de population donnent également la mesure de la prospérité du pays. A ce point de vue, la transformation qu'en peu d'années ont accomplie les villes de Hanoï et de Haïphong témoigne d'un rapide progrès.

Hanoï, autrefois capitale de l'empire d'Annam, et qui comptait alors 100.000 habitants, assure-t-on, était, en 1872, bien déchue et n'avait même pas 30.000 âmes. En dehors de la citadelle, immense carré de 160 hectares, il n'y avait guère que d'assez pauvres maisons, irrégulièrement éparses sur un terrain boueux, semé de flaques infectes. Hanoï est aujourd'hui une très grande et très belle ville de 65 à 70.000 habitants, éclairée à l'électricité, desservie par une canalisation d'eau potable — avantage bien rare dans le Delta, — avec des rues larges, droites, bien pavées, pourvue d'un réseau complet d'égouts, avec de grands marchés couverts — dix grandes

halles de 52 mètres de long sur 19 de large. —
Elle est, en un mot, pour la commodité des
installations, pour le bien-être et le confortable
de ses habitants, semblable à une grande
ville civilisée. L'eau provient d'une immense
nappe souterraine reconnue au village de
Tru-Bac à une vingtaine de kilomètres de
Hanoï. L'usine élévatoire peut être pourvue d'une
troisième machine à vapeur si le service de la
ville exigeait une quantité d'eau plus considérable.
Cette eau, parfaitement pure, est livrée par abonnement à 0 fr. 35 le mètre cube — qui coûte près de
4 francs à Haïphong. — Il y a dans Hanoï 83
bornes-fontaines, fournissant un litre par seconde
et dix bouches à incendie pouvant donner, avec
une pression minimum de 6 mètres, quatre litres
à la seconde; la pression est assurée par deux
réservoirs de 1.250 mètres cubes chacun.

De grandes et fortes digues garantissent la
sécurité de la ville. L'enlèvement du grand banc
de sable qui rejetait le Fleuve Rouge loin de ce
qui devait être le port de commerce et la construction de quais en eau profonde ont doté
Hanoï d'un grand mouvement de navigation. De
Hanoï à Haïphong, les chaloupes à vapeur vont

et viennent avec une fréquence extraordinaire. On compte plus de trois départs ou arrivées chaque jour.

La démolition de la citadelle, la création de magnifiques promenades, la construction de monuments public — l'hôpital Lanessan, entre autres, — la création d'un hippodrome, très fréquenté, ont changé, en cinq ou six ans, la physionomie de la ville. On construit beaucoup à Hanoï et c'est un symptôme rassurant pour son avenir.

Haïphong, bien que d'une importance beaucoup moindre, n'a pas moins prospéré. Même on peut dire que, toutes proportions gardées, les changements survenus à Haïphong accusent un progrès plus rapide encore que celui d'Hanoï. La ville compte aujourd'hui deux fois plus d'habitants qu'elle n'en avait en 1872. Sur 15 à 16.000 domiciliés, on trouve 9.000 Annamites, 5.000 Chinois — ce qui est l'indice d'un gros commerce de riz — et 600 Européens, non compris la population militaire.

La ville est bâtie sur l'emplacement d'anciennes rizières et de marais, alternativement envahis par l'eau des fleuves et l'eau de mer. En 1874, on pataugeait dans les premiers embryons des rues. Aujourd'hui, de belles rues bien pavées, une voirie admirablement entretenue ont pris la place des mares et des flaques boueuses. En 1888, une municipalité a été installée et en douze ans, elle a changé la face du pays. Haïphong est pourvue de tout ce qui constitue l'outillage d'une grande ville : de grands marchés, des abattoirs, des casernes, une mairie, des monuments publics et même... une prison. Tout ce qui fait la vie civilisée.

Port fluvial en même temps que port maritime, Haïphong reçoit en même temps les chaloupes qui, sur le Fleuve Rouge, vont et viennent, faisant plus de 1.600 sorties dans l'année. En 1897, Haïphong a reçu 602 navires de haute mer et une quantité innombrable de jonques de cabotage et de caboteurs annamites ou chinois.

Les rues de Haïphong sont, comme celles de Saïgon, plantées d'un double rang d'arbres ; les boulevards en ont — au moins quelques-uns — quatre rangées. Comme Hanoï, Haïphong a un hippodrome. Mais, — ce que n'a pas Hanoï — Haïphong possède, à 22 kilomètres de distance, une « ville d'eaux », la ville de Do-Son, qui est le Trouville du Tonkin, où le gouvernement lui-même a un chalet : *la Villa Joséphine*. Après Hanoï — et avec une importance qui tend à grandir — Haïphong est la plus grande place commerciale et financière du Tonkin.

Poste Muong.

L'ANNAM

HISTORIQUE

L'Asie dans l'histoire est d'une bien autre antiquité que l'Europe. Les habitants des régions occidentales n'étaient encore qu'à l'état de peuplades éparses que déjà de grands empires asiatiques comptaient des siècles d'existence. Et de même que nous rencontrons à l'heure actuelle chez des tribus sauvages d'Afrique ou d'Océanie l'humanité primitive attardée encore à l'âge de pierre, les civilisations orientales chinoise, hindoue, assyrienne, égyptienne même, dans un passé dont le souvenir remonte à plus de trente siècles avant l'ère chrétienne, côtoyaient les populations aryennes encore ignorantes des métaux.

La nation annamite qui n'est pas une « souche » mais simplement un « rameau » de la race mongolique occupait déjà, vingt-cinq siècles avant J.-C., le sud de la Chine et le nord de la péninsule indo-chinoise. Soumise virtuellement à l'Empire chinois, elle vivait à l'état pastoral, entre le Yang-Tsé-Kiang et le Song-Ca, c'est-à-dire dans ce qui compose aujourd'hui la province du Quang-Si et le Tonkin. Ce fut seulement au cours du IIIe siècle avant notre ère que le groupement se fit, suffisamment étroit pour constituer, en dehors de la Chine, un État et une nation qui se trouva resserrée entre la Chine du côté du nord et les Ciampas — malais d'origine — du côté du sud, côtoyée à l'ouest par les Khmèrs dont la grandeur déjà tombait en décadence. Vers la fin du Xe siècle, échappant à la domination chinoise, la nationalité annamite se donna des rois de sa race. Au commencement du XVIIe siècle, refoulé par les Chinois du nord, l'Annam reflua vers le sud, poussant devant lui les Ciampas qui, pris entre les Khmèrs de l'ouest et les Annamites du nord, se réfugièrent dans la montagne où les *Moïs* et les *Mans* d'aujourd'hui représentent les derniers vestiges de leur race. Le XVIIe siècle fut l'apogée de l'empire annamite qui s'étendait alors des bords du Tsé-Kiang aux bouches du Mékong. La dynastie des Lé, renversée en 1773 — en même temps que la dynastie des Trinh, ses compétiteurs — est remplacée par celle des N'guyen dont l'empereur Gia-Long — primitivement appelé N'guyen-Anh — a été le Louis XIV. Mais, dès le commencement du XVIIe siècle l'Europe entrait en scène dans ces régions et, un siècle plus tard, au moment de sa plus grande puissance, Gia-Long, à qui les Français avaient rendu d'éminents services, pressentait le destin que les convoitises européennes réservaient à son pays. Minh-Mang, son fils, fidèle aux volontés paternelles tint les Européens à distance et leur témoigna la haine la plus défiante. Mais à ce moment déjà la décadence commençait. Le Siam enlevait à l'Annam le Cambodge et le Laos. Quelques années plus tard, Tu-Duc voyait s'accomplir les prévisions de Gia-Long et le démembrement de son empire auquel la France enlevait d'abord la Cochinchine, puis le Tonkin, plaçant l'Annam lui-même sous son protectorat.

On comprend que, remontant aussi loin dans le passé, la monarchie annamite doive posséder un ensemble de traditions, un corps de doc-

trines, de préceptes, de coutumes, un état de
mœurs et d'esprit profondément ancré dans ses
institutions et dans les habitudes de son peuple.
Le caractère essentiellement stable, immobile et
conservateur des civilisations asiatiques assurait
la continuité de l'état de choses primitif ; et il a
fallu l'intervention énergique et parfois brutale
de la civilisation européenne pour transformer
partiellement le gouvernement et l'organisation
de la nation annamite.

Cette transformation, très rapide dans toutes
les choses soumises à l'action directe des hommes,
demeure infiniment lente et difficile dans sa partie morale. Nous avons en peu de temps, modifié les ressorts du gouvernement et de l'administration ; mais nous n'avons pu le faire qu'en nous
conformant aux traditions nationales, en nous
abstenant de heurter les mœurs, les croyances,
les coutumes et les sentiments des masses populaires.

J'ai dit dans la première partie de ce travail
comment l'empire d'Annam était une monarchie
de droit divin, autocratique et absolue en principe, constitutionnelle en fait, gouvernant par
l'intermédiaire d'une aristocratie viagère et per-

sonnelle de lettrés, recrutée au concours et sortie des rangs du peuple. Aucune noblesse, aucun clergé, presque pas de religion, aucune caste privilégiée et l'égalité pour tous devant la loi.

Au-dessous de ce cadre gouvernemental très simple par lequel la puissance descend de la royauté vers le peuple, sont la commune et le canton par l'intermédiaire desquels les droits et les vœux du peuple montent vers le souverain. Cette organisation sociale très stable et en même temps profondément démocratique et libérale assurait à l'Annam une paix intérieure qui n'a été que très rarement troublée.

Le roi, dans cette constitution, se confondait avec la divinité. Il représentait les ancêtres du peuple dont il devait être, aux termes des livres sacrés, « le père et la mère ». Il se plaçait entre le peuple et la divinité — (*Thuong Dê*, le maître des âmes) — comme l'intermédiaire, « fils du ciel » et « père et mère du peuple ». Son rôle consistait surtout à offrir les sacrifices, à accomplir les rites, à prier pour le peuple et, au point de vue politique, à choisir les ministres.

Le choix des hommes qui doivent « assister le roi » doit être, d'après les livres sacrés, le grand souci du souverain. Le *Daï-hoc* — « livre de la grande étude » — dit que « lorsqu'un roi ne sait « pas élever les sages ni abaisser les méchants, « il ne gouverne pas suivant la droite voie. Ce « n'est pas un roi vertueux qui aime les justes et « déteste les fourbes. »

Et ailleurs : « La prospérité ou la ruine d'un « pays dépendent de ce que les hommes ver- « tueux seront appelés au pouvoir ou de ce qu'ils « en seront écartés. »

Le principal office religieux du souverain, négligé et abandonné depuis la chute de la dynastie des Lé, consistait à célébrer la fête de l'Agriculture. C'est, d'ailleurs, le plus grand des rites chinois ; et, le prince Kong, en 1886, disait à M. Constans, alors ambassadeur à Pékin : « Chez vous, la grande fête du souverain, c'est « la revue des soldats. Chez nous, la grande fête « de l'empereur, c'est la fête de la Terre. Et c'est « nous que vous traitez de barbares ».

En 1893, les 27 et 28 juin, l'empereur Than-Thaï, pour la première fois depuis un siècle et demi, célébra à Hué la fête de l'Agriculture.

Cette conception quasi divine de la royauté plaçait le souverain au-dessus de l'humanité, si haut que les regards du peuple ne devaient pas l'atteindre. Du fond de son palais, à peine accessible à ses plus proches serviteurs qui lui parlaient à genoux, il n'apparaissait au peuple que dans l'éclat et la splendeur mystérieuse des cérémonies religieuses. Le palais du souverain était une ville forte au fond de laquelle dans une autre enceinte plus forte encore, inaccessible et presque secrète, vivait « le fils du ciel ». Jamais, avant 1885, un étranger, fût-il l'ambassadeur d'une grande puissance, n'avait été admis à l'honneur de la présence impériale.

Pourtant ce maître omnipotent, régnant par la grâce de Dieu, n'était, en somme, qu'un souverain constitutionnel. Son pouvoir ne s'exerçait point directement. Il avait pour intermédiaires et pour conseillers, pour « censeurs », disent les livres sacrés, un certain nombre de ministres et de hauts fonctionnaires. L'institution du *Ko-Mat* — ou Co-mat — ressemble beaucoup à celle d'un cabinet parlementaire. Parfois même, le souverain se réduisant lui-même — ou se voyant réduit — à l'état de roi fainéant, le Comat demeurait le seul pouvoir régnant dans l'empire. Même il est arrivé qu'il ait, de sa propre autorité, supprimé le maître. L'usage des poisons fut de tout temps familier à l'Orient et les sultans de Constantinople n'ont pas été seuls exposés à boire « le mauvais café ».

Depuis notre intervention en Annam, l'histoire de ce pays est bien simple : Ming-Mang parvint à tenir la porte de son pays fermée aux Européens. L'exemple de l'Inde conquise par les Anglais l'avait mis en légitime défiance. Tien-Tri, son successeur, fut moins heureux et vit, en 1847, sa flotte de guerre — cinq corvettes — détruites par deux frégates françaises dans la baie de Tourane. Mais les Français, à ce moment, ne jugèrent pas à propos de prendre pied dans le pays.

Tu-Duc fut impuissant à éviter le conflit fatal. Les missionnaires catholiques faisaient, en Cochinchine et au Tonkin, des progrès inquiétants. Il y voulut mettre fin en supprimant les missionnaires. De là, les expéditions purement répressives de 1852 et 1858. Puis, en 1859, comprenant l'inefficacité de ces opérations, toujours les mêmes, qui consistaient à prendre Tourane — où il était presque impossible de se maintenir — et à bombarder Thuan-An, sans pouvoir aller jusqu'à Hué, l'amiral Rigault de Genouilly vint prendre Saïgon et occuper la Cochinchine. Cette fois, la prise de possession commençait ; l'empire d'Annam, entamé au sud, voyait se préparer le démembrement.

En 1873, l'attaque se renouvela par le nord. Dupuis et Garnier prenaient le Tonkin. Tu-Duc demanda secours à la Chine. Obligé de conclure, en 1874, un traité qui, malgré lui, le faisait indépendant de toute suzeraineté, il écrivait en même temps à la cour de Pékin pour renouveler son hommage et demander appui. Le traité conclu par M. Philastre lui laissait cependant le Tonkin que nous abandonnions et dont plusieurs milliers d'habitants qui nous avaient accueillis en amis furent massacrés après notre retraite.

L'assistance de la Chine avait eu son utilité puisque les irréguliers chinois entraient pour plus de moitié dans les bandes devant lesquelles succomba Garnier. Aussi, en 1883, lorsqu'avec la même bravoure, la même imprudence et le même dénouement, Henri Rivière recommença l'aventure de Garnier, Tu-Duc obtint également le concours des troupes chinoises.

Quelle que fût la duplicité de sa conduite, il

est impossible de ne pas reconnaître qu'il faisait son devoir de roi en défendant par tous les moyens son pays et son peuple contre l'invasion étrangère. La défaite des Chinois, suivie, le 11 mai 1884, du traité de Tien-Tsin entre la France et la Chine, obligea Tu-Duc de reconnaître son impuissance et de consentir, le 6 juin 1884, un traité qui le plaçait sous le protectorat de la France et lui enlevait à peu près complètement le Tonkin. Tu-Duc ne survécut pas longtemps à ce traité.

De ce moment, ce fut le Co-mat qui prit la conduite des affaires en main, à peu près ouvertement. D'ailleurs, les souverains qui se sont succédé sur le trône depuis 1884 étaient mineurs au moment de leur avènement. En 1885, Ham-N'ghi, sous la tutelle du Co-mat et particulièrement des régents Thu-Yet et Trong-Hiep, fut obligé de prendre la fuite après l'insurrection comprimée de Hué. Aussi longtemps qu'il crut la lutte possible, le Co-mat résista. Mais après la campagne de Chine et la signature du traité de 1895 par lequel la Chine vaincue se désintéressait de l'Annam, le Co-mat comprit que toute résistance était vaine et qu'il fallait se résigner, au moins en apparence. Hiep-Hoa n'avait fait qu'apparaître et disparaître, victime de l'amour-propre national, supprimé par le Co-mat pour avoir admis en sa présence le représentant de la France. Menacé de voir supprimer la monarchie elle-même, le Co-mat céda, éleva au trône Dong-Khanh et fit sa soumission au général de Courcy.

On ne pouvait pas espérer que la cour et les mandarins fussent assez sincèrement résignés à subir la domination étrangère pour s'y plier bénévolement et de bonne foi. Jusqu'en 1891, par tous les moyens en leur pouvoir, ils ont résisté, entravé notre établissement dans le pays fomenté sourdement l'insurrection, la rébellion, organisé le trouble. Mais, avec le temps, constatant l'inutilité de la résistance, ils prirent le parti d'accepter franchement le protectorat, pourvu que le protectorat leur fît des conditions d'existence acceptables, Ils s'en expliquèrent nettement en 1887, avec M. de Lanessan, envoyé en mission par le Gouvernement français. Mais pendant quatre ans encore le Gouvernement français ayant pratiqué constamment une politique d'annexion, d'administration directe et d'hostilité contre la cour, le Co-mat, exaspéré, prêcha presque ouvertement la rébellion qui, si elle ruinait le pays, rendait précaire et même dangereuse la situation des Français au Tonkin.

Mais en 1891, au retour de M. de Lanessan envoyé comme gouverneur général, l'entente fut vite faite et la paix conclue. La cour donna la mesure de sa bonne foi et de son influence en publiant une proclamation, revêtue du sceau personnel de l'empereur, ordonnant à tous ses sujets de rentrer dans l'ordre et d'obéir au gouverneur général. L'ordre fut immédiatement obéi.

Depuis lors, le gouvernement général ayant persévéré dans cette politique de bon vouloir et de loyauté, la cour et les mandarins ont définitivement accepté sans arrière-pensée la domination française. Le régent Trong-Hiep, le plus influent de tous, qui jusqu'en 1891 avait été l'adversaire le plus résolu de la France devint, une fois l'entente faite, un de ses plus fidèles instruments.

Et non seulement on n'a pas eu, depuis lors, un reproche sérieux à faire à la cour, mais elle a, d'elle-même, consenti à transformer, à moder-

niser les formes du gouvernement annamite et les
traditions mêmes de l'étiquette impériale. D'ailleurs, l'empereur Than-Thaï était, plus que tout
autre, désigné pour se prêter à de pareils changements. Sa Majesté Tan-Thaï, proclamé empereur d'Annam le 31 janvier 1889, était alors
âgé de dix ans et portait le nom de prince Bùu-
Lan. C'était un enfant très précoce, d'une intelligence éveillée et d'un caractère très décidé, fin
et délicat de traits et de formes, d'esprit vif et
curieux. Sa nature vive et remuante le prédispo-
sait à s'émanciper de la tyrannie un peu sévère
des rites et des coutumes royales. Depuis que
les souverains étaient personnellement en contact
avec les Européens, des idées et des sensations
nouvelles agitaient le jeune souverain.

Bientôt on apprit — non sans quelque scandale
dans le peuple — que Sa Majesté Than-Thaï,
enjambant, comme un écolier en maraude, les
murs du parc impérial, courait incognito le guil-
ledou dans les tavernes de Hué. Si bien qu'il
fallut faire intervenir la reine-mère — l'autorité
vénérée et presque divine — pour mettre l'empereur en pénitence et, littéralement, en retenue, au
fond de son palais. Du reste, la dignité royale

eut bientôt fait de prendre le dessus. Mais les autorités françaises furent assurées qu'elles ne se heurteraient plus jamais à l'obstacle infranchissable des rites anciens, des traditions antiques et du *non possumus* absolu derrière lequel se réfugiait la cour, en invoquant les règles inviolables des préceptes royaux. Et l'accoutumance a été si rapide, si complète que le roi d'Annam est venu non pas même en roi souverain, mais en « invité » aux fêtes de Saïgon, en 1898. L'empereur d'Annam faisant le « tour de l'inspection » à bicyclette, c'est toute une révolution : la fin de l'empire asiatique, l'inauguration du protectorat « à l'européenne », l'acclimatation réciproque des protecteurs et des protégés, désormais familiarisés amicalement les uns avec les autres. Il ne faudrait pourtant pas en conclure à la possibilité d'une « fusion » quelconque ou d'une « assimilation ». L'Annamite éminemment sociable, pacifique de caractère et d'une intelligence très ouverte, ne sera jamais cependant autre chose qu'un Annamite et se refuserait à toute assimilation. Ses mœurs, ses coutumes, son respect religieux des ancêtres sont inhérents à sa nature. Et il ne sera un sujet fidèle qu'à la condition de conserver sa nationalité, ses lois et ses chefs naturels. Si jamais nous commettions la faute de reprendre la politique d'annexion, malgré le rapprochement qui s'est fait entre nos protégés et nous, nous verrions recommencer les temps de trouble et de rébellion.

GÉOGRAPHIE

L'Annam actuel, tel que l'a délimité le traité de 1884, est compris entre 102° et 107° de longitude est et 10° 30′—20° de latitude nord. Il a environ 1.300 kilomètres de long du nord au midi et sa largeur, entre montagne et mer, varie de 20 à 80 kilomètres. Sa superficie est évaluée approximativement à 70.000 kilomètres carrés. Mais si ses limites sont exactement fixées au nord, où il touche au Tonkin, au sud où il est limitrophe de la Cochinchine, à l'est, où la mer baigne ses côtes sur toute son étendue, ses limites du côté de l'ouest sont assez indécises. Les plateaux et les montagnes boisées qui couvrent le pays entre Annam et Laos sont virtuellement des dépendances de l'Annam. Mais leur délimitation exacte n'a point été faite et leur organisation demeure encore sinon tout à fait inexistante, au moins bien rudimentaire. Les pays des Hua-Phans, des Bahnars, des Pou-Euns, des Pou-Thaïs et des Moïs sont encore peu connus et point du tout organisés. A peine quelques sentiers praticables aux bêtes de somme traversent ces régions dont la superficie est évaluée à 50.000 kilomètres carrés.

Le traité de 1884 a rendu à l'Annam ses trois provinces du nord, c'est-à-dire le Thanh-Hoa, le Nghé-An et le Ha-Thinh qui sont les plus fertiles.

L'Annam, longue bande de terre resserrée entre la montagne et la mer, est un pays de petites vallées, étroites, courtes et se terminant vers la mer par de petits deltas bordés d'étangs et de marécages. Les vents et la mer accumulant les sables, forment des « cordons littoraux » derrière lesquels les eaux venant de la montagne s'étalent en marais souvent pestilentiels. Cependant, au nord, l'Annam possède deux fleuves de quelque importance, le Song-Ma, descendant des montagnes du pays des Muongs et dont le delta se confond avec celui du Fleuve Rouge ; le Song-Ca qui vient de Hua-Mong et dont le delta s'étend entre Nghé-An et Ha-Tinh. Vers le sud, un autre fleuve côtier, moins important, a son embouchure au-dessous de Thu-Yen, à Thaï-Moa. Mais des ruisseaux et des torrents nombreux sillonnent le penchant des montagnes dont la déclivité rapide vers l'est fait de ces petits cours d'eau des torrents redoutables pendant la saison des pluies, des ravins à sec pendant la saison de la mousson du sud-ouest.

Car la disposition des montagnes dont l'Annam est enserré change du tout au tout la succession des saisons entre la Cochinchine et l'Annam. En Cochinchine la saison des pluies est celle des moussons du sud-ouest, d'avril à octobre. L'Annam, au contraire, n'a ses pluies que pendant la saison d'hiver, avec la mousson du nord-est, d'octobre à février, et la température de la saison pluvieuse varie de 15° à 24°. La mousson du sud-ouest n'amène guère de nuages. Les pluies sont tombées dans la plaine en Cochinchine et les nuées, arrêtées par la chaîne des monts et des hauts plateaux, ont achevé de se dissoudre en eau. La mousson du sud-ouest est donc sèche en pays d'Annam. La température, alors, monte et se maintient de 28° à 35°. D'août à janvier surviennent les typhons, qui se produisent quelquefois en mai et juillet.

FAUNE ET FLORE

Ce climat n'est point sans inconvénients pour l'agriculture. L'eau manque juste au moment où elle serait le plus nécessaire. Et c'est pourquoi, plus vaste que la Cochinchine, l'Annam produit beaucoup moins de riz et ne suffirait pas à l'alimentation de ses habitants. Cependant, avec quelques barrages, on arrive à établir des rizières de bon produit.

Le café, le thé, le coton sont cultivés en Annam sous la direction d'Européens. Le maïs, la patate, le tabac, les arachides, les haricots sont le fonds de la culture indigène. La ramie, le mûrier, la noix d'arec sont communs. La cannelle et le cardamome s'exportent en assez grande quantité. Enfin, un produit peu ordinaire et très recherché, les nids d'hirondelle qui viennent surtout de l'île Cu-Lao-Cham, à l'embouchure de la rivière de Faï-foo, fait l'objet d'un monopole.

La faune et la flore de l'Annam sont à peu de choses près les mêmes que celles du Tonkin. Dans la partie boisée des montagnes, le fauve abonde.

La province de Thanh-Hoa, dans sa partie occidentale, est littéralement infestée de tigres et chaque année on y compte un nombre relativement considérable de victimes humaines. D'après un rapport officiel « il est des régions où on parle d'un habitant enlevé tous les deux ou trois jours ».

MONTAGNES

La côte de l'Annam forme une double courbe tournant, dans sa partie nord, sa concavité vers l'est et s'infléchissant en sens inverse de Tourane à Binh-Thuan. Elle est généralement plate et basse, couverte de lagunes cernées du côté de la mer par un cordon à peu près continu de hautes dunes. A la hauteur de Tourane, c'est-à-dire au 16° de latitude nord, un chaînon granitique soulevé transversalement et presque perpendiculairement à la grande chaîne des montagnes d'Annam, vient buter à la mer et se termine par l'île Tien-Tcha. Les rochers ne laissant point de passage vers la mer, la route mandarine — la seule praticable — franchit l'obstacle au « Col des Nuages ». L'abri de l'île Tien-Tcha constitue le port de Tourane. Le long de la côte, d'autres baies, plus ou moins bien abritées, servent également de ports : la baie de Quin-Nhon, celle de Hone-Cohe. Mais la navigation de l'Annam se borne au cabotage.

La « route mandarine » reliait l'Annam à la Chine. Elle partait de Hué ; mais elle avait été poussée d'abord jusqu'à Tourane qui était le port « militaire » de l'Annam, et jusqu'à Saïgon, non sans lacunes difficiles à franchir.

GOUVERNEMENT ET ADMINISTRATION

L'Annam compte actuellement douze provinces sous le gouvernement direct de la cour de Hué, mais sous le contrôle du protectorat. L'organisation est la même que celle du Tonkin. Seulement les fonctionnaires indigènes sont nommés par le Co-mat et payés directement par le gouvernement annamite. C'est la seule différence qui subsiste entre le régime administratif de l'Annam et celui du Tonkin. Encore faut-il dire que cette différence n'est qu'apparente, l'autorité française pouvant toujours s'il lui convient empêcher la nomination ou faire prononcer la révocation du fonctionnaire qu'il trouverait dangereux ou nuisible. Et le trésor de la cour est uniquement composé d'un crédit pris sur le budget local dont la gestion est assumée par le gouverneur général.

Auprès de la cour est placé un résident supérieur assisté d'un conseil du protectorat. Dans chaque province un résident contrôle l'admi-

nistration des mandarins chefs de service, Tong
doc — ou phu — fonctionnaire politique, Quan-
Bô, administrateur, An-Sât, fonctionnaire judiciaire.

LE BUDGET

Le budget local de l'Annam n'est point considérable. Il a été fixé pour l'année 1899 à
1.845.835 piastres en recettes et en dépenses.

Jusqu'en 1897, le gouvernement annamite
avait eu, en dehors du budget « de l'Annam-
Tonkin », perçu et administré par le gouverneur
général, un budget particulier. Il percevait inté-
gralement et pour son compte personnel l'impôt
foncier et l'impôt personnel. Le premier donnait
80.000 piastres, le second 600.000; et le gouvernement de Hué demeurait chargé des dépenses particulières de l'Annam. La création
du budget général a modifié cette situation.
Le budget local, géré par le gouverneur général,
s'est substitué au budget annamite, en même
temps que le budget général prenait à sa charge
les dépenses de souveraineté, c'est-à-dire les
dépenses militaires, les travaux publics, celles
des postes, en un mot les services généraux.

Par une convention en date du 26 août 1899, le gouvernement annamite, imitant l'exemple donné en 1892 par le roi de Cambodge, a remis aux mains du gouvernement général de l'Indo-Chine la perception directe des impôts et la gestion du budget. Comme pour les autres pays de l'Indo-Chine, les revenus indirects — taxes, monopoles, la ferme de l'opium, etc., — entreront au budget général. Les revenus directs sont affectés à la liste civile de la cour et aux dépenses de l'administration locale (française et indigène). En conséquence, sur le budget de 1.845.935 piastres, le gouvernement annamite reçoit directement 925.000 piastres qui sont appliquése, savoir :

Aux dépenses de la cour et du Co-mat   533.000 p.
Au traitement de l'administration
    annamite...................... 369.000 p.
Réserve pour dépenses imprévues...   23.000 p.

La garde indigène coûte 244.835 piastres. Les travaux publics en prennent 353.000. Mais le Trésor annamite contribue à la construction du pont de Hué, mise à la charge du budget général, pour une somme de 160.000 piastres.

On remarquera que le droit d'immatriculation des asiatiques étrangers rend 38.000 piastres alors qu'au Tonkin il n'arrive qu'à 16.000. Mais l'affluence des Chinois est infiniment moindre qu'en Cochinchine où le droit arrive à 1.150.000 p.

C'est le budget extraordinaire qui, sur l'emprunt autorisé en 1898, doit payer la construction des chemins de fer de l'Annam. Le projet dans son ensemble comprend une ligne de Hanoï à Tourane par Hué. La section de Hanoï à Vinh par Nam-Dinh, — 322 kilomètres — est en construction. La section de Tourane à Hué sera construite ultérieurement, et probablement enfin la ligne transversale qui, se détachant du tronc principal vers Quang-Tri, se dirigera vers le Mékong par Aï-Lao et l'atteindra à la hauteur de Savannakek. Alors, le commerce du Laos viendra prendre la mer à Tourane.

COMMERCE

Depuis 1892 le commerce général de l'Annam n'a guère varié. Jusqu'en 1892 il n'a pas été distingué dans les statistiques entre l'Annam et le Tonkin, les deux pays se trouvant confondus dans une même gestion douanière. En 1892, le commerce général accusait un total de 8.185.061 francs dans lequel les importations figuraient pour 4.671.473 francs, ce qui s'expliquait par la présence d'un plus grand nombre de troupes. En 1893 le chiffre est descendu à 6.259.384 dont les importations représentent 3.921.262. En 1896 le chiffre était de 6.258.955 dont 3.860.345 francs d'importations. Pour 1898 le chiffre total se montre à 6.847.362 francs dont 3.771.998 francs à l'importation et 3.075.364 à l'exportation. Dans ce chiffre, les soies grèges figurent pour 1.152.489 francs. La production de l'Annam est, comme on le voit, assez forte. Mais, à l'inverse de la Cochinchine et du Tonkin, l'Annam n'exporte pas de riz. Il en reçoit au contraire beaucoup et c'est un des éléments les plus considérables de son cabotage.

Le mouvement général de la navigation en Annam n'a pour ainsi dire pas varié depuis 1895. Il était, à cette date, de 260 navires — plus 484 jonques chinoises — avec un total d'environ 140.600 tonnes. Il a été en 1898 de 298 navires — avec environ 500 jonques — donnant un tonnage de 135.000 tonneaux.

Le mouvement du cabotage de port à port a été de 9.586.784 francs, dont 4.136.568 francs pour les entrées et 5.450.216 francs pour les sorties. Plus de 10.000 petits bateaux annamites circulent ainsi le long de la côte. En 1895, figuraient sur le tableau du cabotage 66 navires français (entrées et sorties additionnées). 38 navires allemands, 128 jonques chinoises, 416 chaloupes françaises et 22.518 bateaux annamites (toujours entrées et sorties comprises) dont le tonnage total était de 350.000 tonneaux, ce qui donne une capacité moyenne de 15 tonneaux par bateau. Ce sont donc des embarcations de petit gabarit.

Le café et le thé, qui réussissent fort bien en Annam, y arrivaient autrefois par le cabotage et, surtout, par les jonques chinoises. Dans le courant de 1899, la production a tellement augmenté que l'Annam a exporté des quantités déjà considérables de thé ; plus de 20.000 kilos.. Et la qualité s'est grandement améliorée. Il y a en Annam 667.290 hectares de terres en culture dont 479.620 en rizières.

L'Annam est demeuré, jusqu'à présent, plus lent dans ses progrès que les autres pays de l'Indo-Chine. Cela tient à la situation que lui avait faite le traité de 1884 qui différenciait profondément l'Annam et le Tonkin. L'Annam était considéré comme le domaine réservé à la cour de Hué. C'était un pays « moins français » que le Tonkin. Et, d'autre part, les voies de communication manquant, le commerce français ne s'y portait guère. Aujourd'hui, les choses changent, et ce ne sera pas un des moindres résultats de l'union indo-chinoise que d'avoir ouvert l'Annam aussi largement que le Tonkin à la pénétration française. Le climat de l'Annam, meilleur que celui de la Cochinchine, la nature du sol qui, s'il a moins de surface à donner à la culture du riz, offre des terrains propices aux plus riches cultures — comme le café, le thé, le cacao, — la proximité relative des régions du

Laos, permettent de conjecturer que le développement du pays sera rapide. Déjà dans la province du Quang-Nam, à Tourane et Faïfoo, se produit une véritable résurrection du mouvement commercial, disparu pendant quelques années, alors que les maisons chinoises de Faïfoo quittaient le pays. L'exploitation des mines de houille de Nong-Son, abandonnée un instant à cause de la difficulté des transports, a été reprise. Des recherches sont commencées pour découvrir les richesses minières que peuvent recéler les montagnes.

La province de Thanh-Hoa, — dont les forêts produisent de la cannelle de première qualité et de très grande valeur, — donne le cardamome, le *cunao* (faux gambier, destiné à la teinture des étoffes), la cire jaune, etc., et des bois durs de très grand prix, parce qu'ils sont inattaquables aux fourmis blanches (termites, poux de bois).

Les plateaux élevés et les vallées profondes des pays muongs, Pou-Euns, ou Moïs, qui dépendent de l'Annam, ne sont pas encore exploités. Mais on sait qu'ils renferment des bois précieux et probablement des gisements métalliques importants. Il en vient, dès maintenant, quelques marchandises : cardamome, cire, cannelle, corne de rhinocéros, etc.

La pêche, la fabrication du nuoc-mam et la préparation du poisson salé sont, en Annam, d'une grande importance. Les salines du pays ne fournissent pas à tous les besoins de la consommation. Cependant, les lagunes et les étangs qui bordent la côte seraient aisément aménagés en salines. Il est probable que cette industrie ne tardera pas à s'établir, ou plutôt à se rétablir, car, en 1887, les salines de Quinh-Nhon, Phu-Yen, Bing-Thuan et Ha-Tinh ont été à peu près abandonnées à cause du taux de l'impôt. La taxe actuelle est assez modérée pour que la production n'en soit pas affectée.

HUÉ

La capitale de l'Annam était autrefois à Hanoï. La dynastie des N'guyen, originaire du Thanh-Hoa, la transporta à Hué.

Hué, sur le Song-Huong-Giang, est à 8 kilomètres environ de la mer. La rivière débouche à Thuan-An et sa barre n'est praticable — quand la mer est suffisamment calme — qu'à des embarcations de très faible tirant d'eau. D'ailleurs, les sinuosités de la rivière et ses bas-fonds rendent très difficile la navigation entre Thuan-An et Hué; les échouages sont fréquents.

La situation de la ville est déterminée par le 16º32′50″ de latitude nord et le 105º15′20″ de longitude est.

Primitivement Hué n'était qu'une citadelle, contenant la ville capitale, — celle des mandarins — et la ville impériale, résidence du souverain. A peine, en dehors de cette enceinte immense — 2 kilomètres 500 mètres de côté — qui contenait une armée de 30.000 hommes, quelques cabanes, quelques pauvres maisons formaient-elles une sorte de faubourg, habité par des marchands et fournisseurs de l'armée. Ce faubourg s'est accru rapidement et il s'est formé autour de la ville des fonctionnaires une agglomération d'assez gros villages : Dong-Ba, Gia-Hoï, Ba-Vinh et Kim-Long. Depuis 1885, une caserne a été établie dans l'intérieur de la citadelle pour les troupes françaises. Les ministères, le Co-mat, les administrations et une certaine partie des troupes de la garde indigène occupent l'intérieur de la citadelle. Une seconde enceinte enferme le palais impérial et ses jardins.

A Ba-Vinh et sur le canal de Dong-Ba, viennent stationner les bateaux et les chaloupes à vapeur qui font le service de Hué à Thuan-An. Un pont métallique de 72 mètres franchit le canal de Dong-Ba. La résidence supérieure a été construite en face de la citadelle, sur la rive droite du Song-Huong-Giang. Un pont de plus de 350 mètres est en construction et mettra la résidence en communication directe avec la citadelle.

La ville ne possède aucun monument. Son

commerce est peu de chose. Les bateaux qui viennent à Hué n'y apportent guère que « le riz d'impôt » et les ligatures avec lesquelles se paient les contributions. La ligature valait autrefois le huitième de la piastre, c'est-à-dire 0 fr. 84, lorsque la piastre valait 6 fr. 75 environ. Elle a même valu jusqu'à 0 fr. 90. Elle est aujourd'hui tombée à 30-40 centimes. La ligature se compose de 600 sapèques en zinc, percées d'un trou, enfilées et séparées en dix *tiens*, de 60 sapèques chacun. Ainsi, un *tien* vaut environ 4 centimes, prix fort, de sorte qu'il faut *15 sapèques* pour valoir 1 centime. La ligature pèse 1 k. 500 gr. Il y a aussi des sapèques en cuivre et d'autres en alliage, valant, les unes six fois, les autres trois fois la sapèque en zinc. Si cette monnaie a l'inconvénient du poids — puisque 10 francs en sapèques pèsent 35 à 36 kilogrammes — elle a l'avantage de permettre des achats minimes sans surpayer les objets. Sur un marché européen, il n'est guère possible de payer moins d'un sou un objet quelconque, si minime que soit sa valeur. En Annam, moyennant 2 ou 3 sapèques, on peut acheter la petite poignée de légumes, la pincée de condiments nécessaires au repas.

La cherté de la vie augmente toujours en proportion de la valeur que prend l'unité monétaire la plus petite.

La monnaie de compte est la piastre. Les anciennes monnaies, le *nên*, barre d'argent valant 80 francs, et le *dinh*, barrette de 8 francs, ne sont guère plus usuelles.

Les monnaies, poids et mesures de l'Indo-Chine étaient, naturellement, communs à tout l'empire annamite. Sauf quelques usages locaux, on les trouve, en effet, dans les autres pays. Et, bien qu'en Cochinchine des efforts aient été faits pour vulgariser les poids et mesures français, on y compte encore avec le système annamite.

Ce système ne brille pas par une logique suivie. Il a pour base le diamètre de la sapèque en zinc ; cette base a servi à former des multiples très variés et point du tout concordants. Il y a trois unités de longueur :

1° Le *thwóc moc* (le grand thwóc) qui représente 0 m. 425 ;

2° Le *thwóc do ruong* ou *quan diên xich* qui représente 0 m. 470 ;

3° Le *thwóc vâi* ou *quan phong xich* qui représente 0 m. 644.

Ces dimensions ont été fixées, en 1872, par une ordonnance de l'empereur Tu-Duc. Primitivement, le *thwóc moc* devait représenter 18 diamètres de sapèque et le *thwóc vâi* 30 diamètres.

Le 2 juin 1897, une ordonnance du gouverneur général a fixé, pour toute l'Indo-Chine, la longueur du mètre *thwóc moc* annamite à 0. 40 et le *maû*, mesure de superficie, à 3.600 mètres carrés, ce qui fait un carré de 60 mètres de côté, soit, en mètres annamites, un carré de 150 mètres de côté.

L'unité de poids était le *picul* ou *ta* représentant, selon les cas, 43, 45 ou 50 ligatures. Le picul de 45 ligatures est le plus courant. Son poids est fixé à 60 k. 400 gr. Comme sous-multiples, le picul a le *can* = 0 k. 604, et le *yen* = 6 k. 040. Une autre série de poids usitée dans certains commerces est d'origine chinoise : le *taël* ou *tuong* vaut 0 k. 37 gr. 750 ; le *dông* 0 k. 03775 ; le *phân* 0 k. 003775, soit un peu plus de 3 milligrammes et demi. Ces poids étaient et sont encore usités dans le commerce pour l'or, la soie et les nids d'hirondelle.

Il y a des mesures de capacité spéciales pour

le commerce du riz : le *vuong*, qui représente 38 litres 113 ; le *hoc* $=$ 76 litres 226 ; le *thang* représente 2 litres 932. Le *hoc* est la mesure du paddy ; le *vuong* celle du riz décortiqué. Le hoc de paddy et le vuong de riz sont de valeur égale. La décortication, comme on voit, double le prix du paddy.

L'arrêté du gouverneur général qui a fixé à 0 m. 40 la longueur du mètre annamite et à 360 mètres carrés la superficie du *maû*, a simplifié bien des transactions. Les progrès du commerce dans le pays exigeaient cette mesure qui sera, nécessairement, suivie d'autres dispositions a l'effet d'unifier le système des poids et mesures en Indo-Chine. Et l'Annam, qui fut longtemps le pays le plus réfractaire à la pénétration française, sera probablement celui où se fera le plus rapidement cette accommodation.

LE CAMBODGE

HISTORIQUE

Le Cambodge n'appartient que géographique-
ment à l'Indo-Chine. Il est bien situé dans la
péninsule indo-chinoise, mais il n'a jamais fait
partie de l'empire d'Annam, et les deux pays
n'avaient rien de commun, ni l'origine des populations et des races, ni la religion, ni les lois, ni
les mœurs.

L'Annam procédait de la Chine, le Cambodge
de l'Inde. La tradition cambodgienne, conservée
à l'état de pratique superstitieuse pour la prise
de possession de toute habitation nouvellement
bâtie, fait faire au propriétaire, au moment de
son installation, cette déclaration symbolique :
« Je viens de Lanka ; ma barque a sombré, je
viens m'établir ici avec ce qui me reste. » Lanka,

c'est Ceylan. Les monuments qui restent de l'empire Khmer accusent une origine hindoue ; et une autre tradition, vaguement conservée, affirme qu'un prince de Delhi vint avec son peuple s'établir sur les bords du Mékong.

L'origine aryenne de la race cambodgienne est également confirmée par sa langue qui n'est point dérivée du chinois, par son écriture phonétique, proche parente du pâli, par ses mœurs et par ses institutions qui sont empruntées aux monarchies despotiques et aux castes de l'Inde et non aux institutions constitutionnelles et démocratiques de la monarchie annamite.

En effet, il n'existe au Cambodge ni conseil de gouvernement, ni mandarinat basé sur l'examen et sur les diplômes. Le roi, maître absolu des hommes et des choses, armé d'un pouvoir personnel sans limites et sans contrôle, choisit et nomme lui-même, au gré de son caprice ses fonctionnaires et ses serviteurs. « Il n'y a pas, a « dit Doudart de Lagrée, de classe moyenne au « Cambodge. Il n'y a que des mandarins arbitrai- « rement choisis par le roi, ne travaillant pas et « une population misérable exploitée à outrance. « Tout le commerce est aux mains d'étrangers : Chinois, Malais, Annamites. »

On voit combien était grande, en 1860, la décadence de ce qui avait été le puissant empire des Khmer. L'époque de sa splendeur remonte probablement aux environs de l'ère chrétienne. L'épigraphie encore incertaine des monuments Khmer et principalement des temples d'Angkor-Wat semble fixer aux premiers siècles de cette ère la construction de ces temples grandioses.

Dans le courant du xve siècle, le royaume Ciampa — dénomination de l'empire cambodgien à cette époque — se trouva pris entre la poussée des Annamites venant du Nord et celle des Siamois venant de l'Ouest. Les Ciampas furent chassés de la Cochinchine où quelques Tiames — ou Ciames — représentent actuellement les derniers restes de la population Khmer. Les premières notions quelque peu sérieuses que possède l'Europe sur l'histoire de ce pays lui sont venues par les Portugais, qui, au temps de leur plus grande expansion coloniale, au commencement du xvie siècle, s'établirent au Siam et visitèrent les embouchures du Mékong. Plus tard, en 1644, les Hollandais envoyèrent de Batavia une expédition pour punir l'assassinat de quelques trafiquants. La France n'intervint au

Cambodge qu'en 1862. Elle avait envoyé déjà en 1855 un de ses agents diplomatiques à Oudong, alors capitale du royaume. Mais les Siamois défendirent au roi de cette époque, Ang-Duong, de recevoir l'envoyé français qui ne fut point accueilli. En 1862 le gouvernement français comprenant qu'il ne pouvait s'établir sérieusement en Cochinchine s'il n'était maître des embouchures du Mékong, envoya le capitaine de vaisseau, Doudart de Lagrée, auprès du roi à Oudong. A ce moment, Norodom, chassé du Cambodge par la révolte de son frère Ang-Sor, venait d'être restauré par une armée siamoise ; mais en échange de ce service, le Siam lui imposait une vassalité exigeante et lui prenait les provinces d'Ang-Kor, Battambang, Tonlé-Repou. Le Siam en même temps réclamait à la France l'extradition d'Ang-Sor réfugié à Saïgon. L'amiral Bonard saisit l'occasion d'intervenir dans les affaires cambodgiennes et, refusant de rendre le fugitif, il envoya à Oudong le chirurgien Hennecart qui parlait le cambodgien, pour servir d'interprète à M. de Lagrée qui devait se mettre en rapport avec le roi et faire une enquête sur le pays.

Le Pnom (Cambodge).

M. de Lagrée eut bientôt fait d'acquérir une influence morale très puissante sur le roi. Norodom, d'ailleurs, supportait impatiemment la tutelle du Siam et s'inquiétait des appétits et des convoitises de la cour de Bang-Kok, qui avait placé auprès de lui un véritable maire du palais, le mandarin Chao-Koun-Darat pour le surveiller et lui imposer ses volontés. La protection française lui parut capable de le défendre contre les Siamois et, cédant aux conseils de l'envoyé français, Norodom congédia le mandarin siamois et signa, en 1863, un traité qui le plaçait sous le protectorat de la France. Toutefois, avec une duplicité tout asiatique, il concluait en même temps une convention secrète avec le gouvernement de Bang-Kok qui lui envoya, en signe de vassalité, les insignes royaux pour son couronnement.

Jusqu'en 1884, le protectorat français n'eut pas l'occasion de s'affirmer activement. Il y avait un résident français à Oudong et plus tard à Pnom-Penh où Norodom transporta sa capitale en 1886 ; mais l'action de la France ne se manifesta point autrement. Même, en 1867, un agent diplomatique français eut le tort de con-

clure, sans consulter le gouverneur de la Cochinchine, une convention qui reconnaissait les droits
prétendus par le Siam sur les provinces de Battambang et Siem-Réap, enlevées au Cambodge.

En 1884, les choses changèrent. La Cochinchine, à ce moment, prétendait s'agrandir par
voie de conquête et le gouverneur de Saïgon
imposa à Norodom, en date du 17 juin, un traité
qui détermina une insurrection au Cambodge.
Un des frères du roi, Si-Votha, se mit à la tête
des insurgés et, pendant plusieurs années,
l'anarchie et la misère ne cessèrent de grandir,
jusqu'à ce que les conventions conclues en 1891
et 1892 eussent remis un peu d'ordre au Cambodge en lui donnant un budget, en lui créant
des ressources en même temps qu'on lui imposait des économies. A ce moment, le gouvernement de l'Indo-Chine se chargea du budget
cambodgien, organisa la perception des impôts
qui donnait lieu à des exactions et des malver-
sations intolérables et, dès la première année,
l'aisance reparut à Pnom-Penh. Depuis cette
date, l'histoire du Cambodge n'a plus d'événements et chaque année, enregistre de notables
progrès. Depuis 1898, la création du budget

général a encore amélioré la situation et l'acquisition du Laos, depuis que des communications régulières sont établies, augmente le
commerce et les ressources du Cambodge.

GÉOGRAPHIE

Les Cambodgiens appellent leur pays *Sroc Khmer* province Khmer ; et ce n'est évidemment qu'une faible partie de l'ancien empire du Ciampa. Le Cambodge actuel est compris entre 10°30″ et 14° de latitude nord et 100°30 — 104°30 de longitude est. Ces coordonnées ont été quelque peu modifiées par la délimitation avec le Laos au nord. Elles devraient être changées si dans le Cambodge on comprenait les pays « neutralisés », c'est-à-dire les provinces de Battambang et Siem Réap, celles de Mela-Prey et de Tchon-Kan. Dans ses limites anciennes le Cambodge a une superficie d'environ 100.000 kilomètres carrés. Sa population est évaluée à 1.500.000 habitants, dont 1.300.000 Cambodgiens et 200.000 Annamites. On y compte un peu plus de 300 Français.

Le Cambodge est formé pour la plus grande partie du delta du Mékong, Cependant les provinces du Sud-Ouest, la « Terre de Pursat » et la « Terre de Tréang » sont des terres hautes,

accidentées de collines et, par endroits, cou-
vertes de forêts denses, dont quelques-unes sont
exploitées. Près du littoral occidental se
trouvent diverses îles, les îles Samit, Ko-Kong,
Rong-Sam-Len, habitées par des pêcheurs et
dans lesquelles on récolte de la gomme-gutte.

Dans la première partie de cette étude, les
traits essentiels de la géographie cambodgienne
ont été indiqués, notamment l'existence du
Grand lac ou Tonlé-Sap qui, long de 140 kilomètres, sur une largeur de plus de 30, joue le
rôle d'un réservoir régulateur des crues du
Mékong. Sans cette immense cuvette où s'em-
magasinent les eaux des hautes crues, le Delta
serait ravagé par le courant violent des montées
rapides et l'inondation bienfaisante qui féconde
les rizières deviendrait torrentielle et dévastatrice.

Le Tonlé-Sap se distingue en trois parties :
au sud-est, le *Véal-Phoc — plaine de boue —*
dans laquelle, au mois d'avril, on ne trouve guère
que 30 à 40 centimètres d'eau et où pousse le
« riz sauvage » dont la récolte est permise à tous.
Au nord-ouest du *Véal-Phoc* se trouve une sorte
de fosse, profonde de deux mètres, où l'on pêche

de gros souffleurs, marsouins ou dauphins, emprisonnés par la baisse des eaux. Le *Petit lac* est également un haut-fond, presque à sec aux basses eaux et traversé par un canal tortueux de 0 m. 80 de profondeur. Enfin le *Grand lac* qui garde aux plus basses eaux plus d'un mètre de profondeur. Au moment de la forte crue — qui monte de 12 à 14 mètres à Pnom-Penh, en juillet — le lac s'étend de plus de 25 kilomètres dans les terres et inonde d'immenses forêts.

Plus de 30.000 pêcheurs vivent du Tonlé-Sap. Le poisson salé, séché, le nuoc-mam, l'huile de poisson, la colle de vessies, sont l'objet d'un commerce fort actif. Sur les bords du lac existent des villages flottants, vastes radeaux de bambous entrecroisés sur une grande épaisseur et formant un plancher, sur lequel sont construites les paillottes en bambous et feuilles de palmier. Le village suit le mouvement des eaux, descend jusqu'au Grand lac en avril et s'ancre aux endroits profonds. En juillet, il remonte vers les bords et s'amarre aux arbres des forêts inondées, dont les eaux montantes ont chassé les fauves dangereux.

CLIMAT

Le climat du Cambodge est à peu près celui de la Cochinchine, chaud, humide, avec une saison des pluies et une saison relativement sèche. Mais les forêts y sont fiévreuses et la « fièvre des bois » est encore plus mauvaise que les fièvres paludéennes dont elle est, dit-on, une aggravation.

FAUNE ET FLORE

La faune est celle de la Cochinchine, mais les espèces sont plus abondantes en individus. L'éléphant, le rhinocéros, le buffle et plusieurs espèces de bœufs, entre autres le *Khthing-poss*, — (bœuf à serpents, parce qu'on croit qu'il mange les serpents) — qui a les cornes contournées en spirales.

Les rizières et les forêts qui les bordent nourrissent une quantité déplorable de singes et de rats qui pillent les récoltes. Le tigre, la panthère, le léopard sont fréquents, ainsi que le petit « ours à miel ». Le sanglier abonde et fait de grands ravages dans les plantations. Les

chevaux cambodgiens sont petits mais vigoureux pour leur taille qui ne dépasse guère
1 m. 20. On les attelle par paires. La bête de
labour, comme dans toute l'Indo-Chine, c'est
le buffle. L'éléphant est domestiqué communément et se vendait « au mètre », à raison d'environ 100 francs la coudée de 0 m.40, la hauteur de la bête étant mesurée au garrot, ce qui
portait autrefois à 5 ou 600 francs le prix d'un
éléphant de 2 m. 30 de hauteur. Mais les prix
ont augmenté beaucoup et un bel éléphant se
paie aujourd'hui à Pnom-penh de 2 à 3.000 fr.
Le porc est très commun. Mais, faute de soin,
il est souvent envahi par la ladrerie.

Les oiseaux sont ceux de la Cochinchine.
Naturellement les oiseaux d'eau pullulent.

La flore est identique à celle de toutes les
provinces méridionales. Le riz est la principale
culture. Mais dans les terres non inondées, on
cultive le poivre, le café, le coton, la canne à
sucre, le maïs, le mûrier. Les bois donnent neuf
espèces de cannelle et beaucoup de cardamome.
La ramie, le chanvre de Manille, la ouate sont
presque spontanés. La ouate égrenée se vend
de 35 à 40 francs le picul de 60 kilogrammes.

Les terrains de culture sont répartis comme suit : Rizières, 98.200 hectares ; coton, 9.000 ; indigo, 7.000 ; tabac, 6.000 ; haricots, 8.000 ; poivre, 600 ; café, 50 ; cardamome, 1.000.

LE GOUVERNEMENT LOCAL

Le protectorat français n'a pas protégé le Cambodge seulement contre le Siam ; il l'a surtout protégé contre son propre gouvernement et on peut dire que, depuis 1884, et surtout depuis 1891, le sort des populatious cambodgiennes s'est grandement amélioré. Les institutions cambodgiennes avaient, en effet, conservé ce qu'il y a eu de pire dans les antiques civilisations hindoues : l'omnipotence despotique des rois ; la théocratie plus despotique et plus dure encore des chefs religieux, plus puissants que le roi lui-même ; la tyrannie des puissants constitués en une caste personnelle et la complète abjection des populations, déshéritées de tout droit, privées de toute justice. Toutes les superstitions et toutes les servitudes que consacrait la civili-

sation hindoue, l'esclavage et même les sacrifices humains perpétués presque jusqu'à nos
jours, car en 1830, on en signalait encore dans
le Kompong Soaï, presque à portée du temple
d'Ang-Kor, tel était l'état du Cambodge.

Sous le protectorat français, le roi demeure
virtuellement un souverain absolu ; mais ses
ordres ne s'exécutent que visés par le Résident
supérieur et par le Conseil du Protectorat.
Jusqu'en 1884 le roi possédait encore et souvent
exerçait le droit de vie ou de mort sans jugement.
Il n'y avait pas de budget au Cambodge. Le roi
faisait ce qu'il lui plaisait du produit des impôts.
Il payait à son gré sa famille et ses créatures,
toujours affamées, toujours disposées à la révolte.
Pour se les concilier, le roi multipliait les fonctions. Il y avait au Cambodge, royaume minus-
cule, cinquante-sept provinces gouvernées par
cinquante-sept états-majors qui dévoraient le
pays. Comme les radjahs de l'Inde, le roi
déployait un faste extraordinaire. Outre les onze
femmes légitimes qui lui sont permises il a un
nombre illimité de concubines — Norodom en
avait de trois à quatre cents — et un corps de bal-
let et de musique dont les sujets — tous

femmes — sont généralement tirées du Siam ou de Chine et presque toutes sont recrutées vers l'âge de treize ou quatorze ans.

Le gouvernement, exercé par des ministres consistait à peu près uniquement à faire rentrer les impôts. Mais la puissance réelle dans les provinces était aux mains des bonzes.

La religiosité fanatique et passive des races hindoues s'est conservée dans les races cambodgiennes. Le bonze est tout aussi vénéré, tout aussi omnipotent que le Brahmane et la substitution du Boudhisme au Brahmanisme n'a changé que le personnel des prêtres. L'ignorance et l'absence de toute idée personnelle ont empêché le peuple de faire une différence entre sa religion d'autrefois et celle d'aujourd'hui. Le budget des bonzes était, au Cambodge, beaucoup plus riche et beaucoup plus secret que celui du roi.

La famille du roi, si l'on croit ses traditions, serait originaire de Bénarès. Elle appartient à la caste des Bakhus — ou Ba-Kous — qui est une caste brahmanique. L'ordre successoral, comme dans les pays musulmans, appelle les frères, par primogéniture, avant les fils du roi. Ce sont « les cinq grands mandarins » du royaume qui désignent le roi. Mais, en 1884, la France s'est résevée de désigner elle-même le successeur de Norodom.

Comme dans plusieurs États d'origine aryenne, il existe au Cambodge et au Laos deux rois. Le second roi, l'*obbaioureach* — (roi qui a abdiqué) — ou l'*obbareach* — premier frère du roi, héritier présomptif — n'a qu'un rôle tout à fait secondaire et n'exerce même plus, comme autrefois, le gouvernement direct de quelques provinces.

On comprend qu'avec onze femmes légitimes, le roi possède une nombreuse famille. Norodom compte quatorze fils et vingt-deux filles. *L'obba-reach*, de son côté, n'a pas moins de treize fils et dix filles, sans compter ceux ou celles qui peuvent survenir.

Le Code cambodgien, contenu dans le livre sacré — *Prathom Masat* — ne se distinguait point par la douceur. Il édictait vingt et une manières d'appliquer la peine de mort, parmi lesquelles l'écorchement et le « découpage » par petits morceaux. Les amendes et confiscations se partageaient par tiers entre le roi, le plaignant et les juges, ce qui ne contribuait pas peu à les rendre fréquentes et fortes.

Il n'existe pas de noblesse héréditaire au Cambodge, mais des castes en approchant : les *prea-vong*, princes ou descendants des princes de la famille royale ; les *preans* qui se disent de la race de Brahma et les *Ba-Kous* descendants directs des Brahmanes. Le roi ne peut être pris que parmi les Ba-Kous.

Le Cambodgien est superstitieux, croit aux enchantements, aux présages tirés du passage des oiseaux ou de divers animaux. Il redoute les sorciers, va demander des consultations aux morts dans les cimetières, célèbre pendant trois jours, au mois de septembre, la fête des morts et pratique « la coupe des cheveux » des enfants, auxquels, dès le premier mois de leur naissance, on rase les cheveux, ce qui s'appelle la « coupe des cheveux sauvages ». Toutes ces cérémonies s'accompagnent de présents ou de contributions payées aux bonzes.

Le Cambodgien est plus vigoureux et de formes beaucoup moins grêles que l'Annamite ; mais il ne peut se résoudre au travail. Peut-être cela tient-il à ce qu'il profitait rarement lui-même du fruit de son labeur.

Aujourd'hui, le Cambodge a changé de physionomie. L'aisance y est revenue et les populations ont connu des jours meilleurs. Le protectorat a installé une justice et une police. Le pouvoir arbitraire des gouverneurs de province, tenus en bride par les résidents a cessé d'être oppressif. La création de l'unité indo-chinoise et du budget général a achevé de rendre au Cambodge son équilibre financier, à peu près réalisé dès 1893, par les conventions douanières avec la Cochinchine. Les finances cambodgiennes révèlent d'ailleurs assez les progrès du pays.

LE BUDGET LOCAL

Jusqu'en 1884, le Cambodge n'avait pas de budget. Le roi percevait directement, pour son compte personnel, les fermages des jeux, de l'opium, de l'alcool ; les mandarins percevaient, par l'intermédiaire d'agents spéciaux, les taxes diverses, les droits sur les pêcheries et tous les impôts, dont le produit n'arrivait au Trésor qu'après de fortes saignées en route.

Le protectorat français introduisit quelque régularité dans les comptes. Le fermage des jeux —et surtout celui du fameux « jeu des trente-six bêtes » — exploité non sans scandale par les Chinois et qui ruinait le pays, avait été supprimé. Mais, jusqu'en 1891, le budget du protectorat comme celui de la couronne, demeurèrent misérables. En 1889, le protectorat encaissait 644.400 piastres et le roi — dont les recettes étaient difficiles à connaître exactement — ne touchait guère que 280 à 300.000 piastres. En 1891, les recettes du protectorat se montèrent à 699.927 piastres et celles du roi à 350.000. En

1893, M. de Lanessan proposa au roi de fondre en un seul les deux budgets et de les faire gérer par des comptables français. Cette réforme, acceptée avec empressement, produisit un effet immédiat. En 1894, le budget se trouva porté à 1.413.500 piastres dont 459.505 représentaient « l'abonnement » de la Cochinchine, c'est-à-dire la part proportionnelle qui revenait au Cambodge dans les recettes de l'union douanière perçues par la Cochinchine.

L'impôt personnel des Cambodgiens et Malais se montait à 206.325 piastres. La capitation des Chinois et Indiens à 100.000 ; le produit de l'impôt sur les paddys à 120.000 ; la ferme des alcools de riz — *choum-choum* — à 127.000 ; la ferme des pêcheries, 127.000 également.

Sur ces ressources, la liste civile du roi recevait 372.000 piastres, ce qui lui constituait une très notable augmentation de revenu ; d'autant que ses fils recevaient une dotation de 15.000 piastres — un peu plus de 1.000 piastres par tête —et que l'*obbareach* était aussi doté de 25.000 piastres, ce qui dégrevait d'autant le budget du roi. Les fils de l'*obbareach* recevaient, pour eux treize, 3.000 piastres. Les résidences, y

compris la Résidence supérieure, prenaient
109.500 piastres ; l'administration cambodgienne, 112.000 Le cadre européen des milices
— qui n'existaient pas auparavant, « l'armée »
de Norodom se composant d'une soixantaine de
Tagals et d'une vingtaine de gardes du corps —
exigeait 15.000 piastres, le cadre se composant
de sept personnes ; l'armée, — un millier
d'hommes environ, plus vingt miliciens Annamites — se soldait avec 78.620 piastres.

Le budget de 1900, diminué de 650.000
piastres environ que produisent les douanes et
taxes indirectes, désormais incorporées au budget général, se monte à 2.315.587 piastres.
C'est-à-dire qu'en réalité, de 1894 à 1900, les
recettes ont plus que doublé, puisque si le budget était établi sur les bases de 1894, il faudrait
ajouter aux 2.315.587 piastres du budget local
les 650.000 versées au budget général, ce qui
donnerait presque 3 millions de piastres au lieu
des 1.413 de 1894.

Les augmentations de charges sont significati-
ves. Sans que le taux des taxes ait été sensiblement majoré, le produit s'est fortement accru.
Ainsi l'impôt personnel des Cambodgiens et des

Malais a passé de 206.000 piastres, en 1894, à 400.000 en 1900. Le taux de la taxe est resté presque le même : 2 piastres 50 pour les « inscrits » de 21 à 50 ans et 0 piastre 80 pour ceux de 50 à 60 ans. Au-dessous de 21 ans, au-dessus de 60, la taxe n'est pas due. L'immatriculation des Chinois a passé de 100.000 piastres à 255.000. Les Chinois immigrent volontiers au Cambodge, pays de riz, et les capitaux de Hong-Kong s'y placent avec empressement. Il n'y avait au Cambodge qu'une grande usine française — égrenage des cotons et ouates, huile et tourteaux — qui vendait au Japon pour à peu près 200.000 piastres de ses produits. Cette usine est passée récemment entre des mains chinoises.

L'impôt sur les paddys, dont la perception laisse encore à désirer à cause des difficultés du mode de taxe, — 5 °/₀ sur la quantité de paddy trouvée chez le contribuable, cette quotité devant être convertie en une somme d'argent — rend 360.000 piastres au lieu de 120.000 ; la ferme des pêcheries, 215.000 au lieu de 127.000. La ferme des alcools est passée au budget général.

Cette évidente prospérité a permis de donner au Cambodge des routes, des ponts, des services publics dont il n'avait jamais été doté. La ville de Pnom-Penh est sortie de la boue. Les cloaques infects qui lui servaient de voies de communication se sont changés en rues propres et pavées ; des quais ont été construits. Le budget local des travaux publics pour 1900 est de 237.000 piastres. Jamais pareilles sommes n'avaient été consacrées à l'utilité publique. On a fait un budget de 25.000 piastres à l'instruction publique qui n'avait jamais été à pareille fête. Il y a des écoles à Pnom-Penh. Il y a une justice au Cambodge : un tribunal supérieur à Pnom-Penh, un tribunal secondaire (Sala-Lukan). Le Cambodge possède une armée d'un millier d'hommes, une police régulière, un service médical organisé. C'est tout une révolution politique et sociale. Dans ce pays où il n'y avait qu'un pouvoir absolu et une masse inorganisée, des institutions, une organisation, des services réguliers ont été créés. Des lois, des droits, une justice ont été donnés à un peuple qui, jusque là, vivait sous l'unique bon plaisir de son souverain.

Aussi n'avons-nous aucune insurrection, aucune rébellion à craindre au Cambodge. Et nous pouvons attendre beaucoup d'un pays

naturellement riche et dont les richeses naturelles peuvent être facilement exploitées.

VOIES DE COMMUNICATION. — COMMERCE

Le Cambodge, au point de vue des transports
qui sont le facteur le plus important du commerce, est grandement favorisé. Dans presque
toute son étendue, il possède des voies navigables. Le Mékong lui amène les produits du
Laos. Le Grand Lac est comme une mer intérieure
qui met tout une région en communication rapide
et facile avec Pnom-Penh. Les vapeurs du fleuve
et les navires de mer viennent s'amarrer aux
quais mêmes de la capitale.

Les statistiques du commerce et de la navigation ne permettent pas de distinguer avec précision ce qui, dans le total attribué à la Cochinchine et au Cambodge réunis, appartient à chacun des deux pays ; la prospérité commune
paraît à peu près également partagée ; mais le
jour où, par des travaux bien compris, le Haut
Mékong aura été rendu navigable depuis Luang-
Prabang jusqu'à Pnom-Penh, le commerce du

Cambodge aura bientôt doublé. Déjà les cultures commencent, et s'étendent sur les rives du fleuve et le revenu des « *chomcars* » — bordures des rives — a passé en quelques années de 37.000 à 125.000 piastres, uniquement parce que, maintenant, les chaloupes à vapeur circulent sur le fleuve, de Pnom-Penh à Stung-Treng.

En même temps, des routes sont ouvertes qui rejoignent le fleuve aux points d'embarquement ou qui mettent les terres hautes en communication avec les ports. Au budget de 1900, les routes « à achever » sont dotées de 40.000 piastres, et 10.000 piastres sont consacrées à l'étude de routes nouvelles.

Enfin, le chemin de fer de Mytho doit être poussé jusqu'à Pnom-Penh. Pour les voyageurs, il y aura là une accélération considérable et pour les marchandises de prix élevé sous faible volume — l'or, la soie, la cannelle, le cardamoine, etc, — ce mode de transport aura l'avantage d'une célérité plus grande et d'une sécurité absolue.

Le commerce européen, depuis 1896, a plus que doublé. Il dépasse aujourd'hui 45 millions. Les exportations, en 1899, ont dépassé 30 mil-

lions sur lesquels le riz a fourni 15 millions
environ, et le poivre plus de 488.000 piastres ;
le poisson sec, 3 millions et les haricots, 900.000
piastres. Il a été exporté 4.800 bœufs

POIDS ET MESURES

Le système des poids et mesures au Cambodge
a des bases qui ne manquent pas d'origina-
lité. La série des mesures de longueur, en commençant par les plus petites, s'ouvre par l'*Abha-
manu*, atôme de poussière ; — se continue par
l'*anu*, grain de sable ; — le *pong-chay*, lente
de pou ; — le *khluong-chay*, corps de pou ; —
le *krâph-sau*, grain de riz ; — le *thnaq*, travers
de doigt ; — le *chaman*, travers de main ; — le
hat, coudée et le *phiéem* bras, qui vaut six
hats et = 2 mètres.

Pour les étoffes, la mesure est le *thbaûng* qui
vaut 19 *hats* — environ 4 mètres.

Les mesures d'itinéraire sont : le *sen* valant
20 *phiéem*, c'est-à-dire environ 40 mètres ; le
moroï qui vaut 100 *sen* = 4 kilomètres.

Les mesures de capacité se rapportent uniquement au riz.

Ce sont :

Le *chcyp* (pincée) = 1/8 de *kedap*.

Le *kedap*, main fermée poignée, = 1/2 *lukday*.

Le luk-day — main ouverte = 1/2 *kombang*.

Le kombang — contenance des deux mains ouvertes et jointes = 1/2 *kan teang*.

Kan teang — 1/2 panier = 1/2 *tau*.

Tau ou *kranchseu* — (panier) = 1/2 thang.

Thang = 38 litres 113.

Modek — (charge — 20 *thang* = 762 litres 260.

Mo-rôté — charretée 80 thang = 3.049 litres 040.

Il y a lieu d'espérer que l'unification de l'Indo-Chine conduira à l'adoption d'un système uniforme de poids et mesures.

Les villes du Cambodge sont peu remarquables. L'ancienne capitale, Oudong, était plutôt une forteresse qu'une ville ; et si Pnom-Penh a pris l'aspect d'une cité de quelque importance, c'est aux travaux faits depuis 1893 qu'elle le doit. Jusqu'alors le budget du Cambodge n'existant pas, il n'y avait pas de travaux publics ; donc, pas de monuments, pas de rues ni de ponts. Aujourd'hui, Pnom-Penh a deux ponts et plusieurs passerelles, des quais, des rues pavées et quelques habitations bien bâties. Les pagodes et celle du Pnom (colline) en particulier, présentent seules quelque intérêt.

Mais le Cambodge a des ruines imposantes et magnifiques, celles des temples d'Ang-Kor-Wat. Ce sont les édifices d'architecture hindoue, — ou plutôt brahmanique — de dimensions extraordinaires et d'une ornementation comparable à celle des plus beaux monuments de l'Inde. La ville d'Angkor, détruite par les Birmans, vers le milieu du XVIIIe siècle, était enfermée dans une enceinte rectangulaire de murs de 9 mètres de haut sur 15 mètres d'épaisseur et d'environ 4 kilomètres de côté. Le temple, situé entre les ruines de la ville et le lac, était entouré de trois enceintes étagées. On cite le grand escalier, sa bordure de dragons et ses colonnades sculptées. L'origine brahmanique des Khmers est écrite là en caractères gigantesques. Peut-être parviendra-t-on à déchiffrer les inscriptions et les hiéroglyphes sculptés sur ces ruines et ce seront des monuments précieux pour l'histoire de l'empire disparu des conquérants Khmer.

LE LAOS

HISTORIQUE

De toutes les parties de l'Indo-Chine, le Laos est la moins connue. L'étendue des plateaux et des montagnes boisées qui le séparent de l'Annam ont rendu les explorations difficiles et rares. Et les difficultés de la navigation du Mékong n'ont pas permis l'établissement de relations suivies avec les pays placés sur le cours inférieur du fleuve. D'ailleurs, perpétuellement dévasté par les peuples voisins, ce malheureux pays n'avait aucune force d'expansion, aucun intérêt commercial qui pût le mettre en rapport avec l'extérieur, encore moins attirer les étrangers. Le haut Laos, pauvre et ruiné, subissait alternativement la domination violente de la Chine, de l'Annam et du Siam. Le bas Laos, peuplé de rares tribus sauvages, éparses dans les montagnes boisées ou campées sur les rives du Mékong entre forêt et fleuve, demeurait malgré les richesse naturelles qu'il contient, un pays désert.

Il y avait, cependant autrefois sur cet immense territoire, égal en superficie à la France, un peuple, des États policés, des souverains d'une certaine puissance. Du 23° de latitude nord au 14° et du Mékong aux montagnes de l'Annam, s'étendaient des « royaumes » que, dès le xxe siècle, les Chinois essayaient de conquérir. Les Annamites, d'autre part, envahirent le Laos en l'an 1740. Battu à San-Kao, le roi de Luang-Prabang se suicida. Au dire des Annales laotiennes, le Laos fut partagé en deux : le sud passa sous l'autorité des Annamites ; le reste fut abandonné au roi de Luang-Prabang qui devint vassal et tributaire de l'Annam, payant le tribut en cornes de rhinocéros et en ivoire. Jusqu'en 1893 se continuèrent les invasions périodiques de la Chine et du Siam. De 1820 à 1830, les Siamois détruisirent le royaume de Vien-Chang, le plus puissant de tout le pays. La ville de Vien-Chang — sur la rive gauche du Mékong, en face de Nong-Kay — fut détruite de fond en comble. Les Siamois occupèrent Luang-Prabang où, cepen-

dant ils laissèrent subsister la royauté indigène.
Sur le moyen Mékong, ils s'appliquèrent à dépeupler systématiquement le pays, transportant sur
la rive droite les habitants de la rive gauche et
les établissant à Bassac, Outhen, Nong-Kay.

L'Annam avait protesté ; la Chine également.
Mais le Siam poussait toujours vers l'Est ses
empiétements, substituant le fait accompli aux
droits que prétendaient avoir l'Annam et la
Chine. Ces droits existaient simultanément. Les
souverains du Laos, en effet, pris entre trois voisins également gênants et menaçants, avaient
fait hommage à tous les trois et leur envoyaient
leur tribut. Jusqu'en 1851 le roi de Luang-Prabang paya régulièrement son tribut à Hué. Mais
en même temps, il recevait de Chine le « cachet
de vassalité », semblable à ceux que la Chine
remettait aux rois de Siam et d'Annam. Cependant, comme les Siamois rançonnaient durement
le pays, les populations les prenaient en haine.
En 1891, la cour de Bangkok — qui avait exigé
des principaux chefs du pays l'envoi de leurs
enfants dans les écoles de Bangkok — intronisa
à Luang-Prabang, le « châu » Radja-Vong, fils
du vieux roi régnant sans même en prévenir son

père. Le vieux roi protesta énergiquement et, malgré l'apathie indifférente qui fait le fond du caractère laotien, les populations commencèrent à murmurer tout haut. L'augmentation des impôts aggrava encore le mécontentement. Tout Laotien adulte fut taxé à neuf roupies de capitation et, alors qu'en Annam les mineurs et les vieillards au-dessus de 60 ans sont exempts d'impôts, les vieillards et les veuves au Laos furent imposés de six roupies. Les Laotiens, trop timides pour se révolter, émigraient. Les habitants des villés soupiraient après l'intervention de l'Annam, c'est-à-dire de la France.

Au commencement de 1893, les Siamois, voyant que les protestations demeuraient platoniques, occupèrent plusieurs villages sur la rive gauche du Mékong ; ils s'établirent à Stung-Treng et Khone, occupèrent les huyens du Tran-ninh, de Com-cat et poussèrent leurs postes vers la côte dans la direction de Hué, précisément au point où, les montagnes se rapprochant de la mer, la « bande » qui compose le territoire de l'Annam est la plus étroite. C'était une menace sur Hué.

Le gouverneur général de l'Indo-Chine, M. de

Lanessan, prit des mesures pour arrêter cette invasion. Il envoya, par le Mékong, deux canonnières à Khône, avec mission de passer, s'il était possible, dans le bief supérieur du fleuve. A Stung-Treng et Khône, il envoya un vice-résident du Cambodge, M. Bastard ; vers Cam-mon et Kemmerat, sur les deux routes principales, qui, de l'Annam, permettaient d'aller au Mékong — le mot de « sentier » conviendrait mieux — MM. Dufrénil, vice-résident à Quang-Tri, et Luce, résident du Nghe-Tin.

Les instructions données aux chefs de ces missions leur prescrivaient d'agir pacifiquement autant que possible, mais avec fermeté ; de n'employer la force qu'à la dernière extrémité, mais d'obtenir l'évacuation sans délai de tous les villages, postes, positions occupés par les Siamois sur la rive gauche du Mékong. Les forces dont chaque résident était accompagné demeuraient sous le commandement de leurs officiers ; mais ceux-ci étaient placés sous l'autorité du chef civil de la mission.

Stung-Treng et Khône furent évacués sans coup férir et l'île de Kong occupée. Les notables Laotiens qui, redoutant une collision, avaient disparu, revinrent immédiatement et, les autorités laotiennes qui restaient s'empressèrent de faire leur soumission. La prise de possession fut complète et non seulement paisible, mais joyeuse, les habitants du pays se réjouissant de voir disparaître les Siamois.

Sur la route d'Aï-Lao, M. Dufrénil, avec 300 miliciens annamites, refoulant ou emmenant avec lui vers le Mékong les garnisons et les postes siamois, arriva sans avoir brûlé une amorce, jusqu'à Kemmerat. Les Laotiens, enrôlés malgré eux dans les troupes siamoises, avaient spontanément remis leurs armes aux miliciens.

Seul, M. Luce éprouva quelque résistance. Le commandant siamois de Cam-mon refusa pendant deux jours de se retirer. Il consentit, cependant, le troisième jour et partit, avec ses hommes désarmés, sous la conduite de l'inspecteur Grosgurin et d'une vingtaine de miliciens chargés en même temps de le surveiller et de le protéger, le cas échéant, contre l'hostilité des indigènes. Mais pendant les deux jours de répit qu'il avait obtenus, l'officier Siamois avait fait venir au devant de lui 200 Siamois en armes; et, le 5 juin, à Kon-Kiec, ayant demandé une entrevue à M. Grosgurin, alors malade, il l'assassina d'un coup de pistolet. Les miliciens furent assaillis à l'improviste. Quatre d'entre eux et un boy annamite purent s'échapper. Les seize autres furent massacrés ; mais avant de succomber, ils avaient tué 50 soldats siamois.

Ce guet-apens décida le gouvernement français à substituer l'action aux négociations. Nous avions, à Bang-Kok, une canonnière, le *Lutin*, qui gardait la Consulat français. Ordre fut donné aux deux chaloupes l'*Inconstant* et la *Comète*, de se rendre à l'embouchure du Ménam et de la bloquer.

Pendant ce temps, sur le Mékong, les Siamois reprenaient l'offensive à Khong. Ils avaient, par surprise, enlevé le capitaine Thoreux qui, sans défiance, accompagné de trois miliciens seulement, conduisait un convoi de vivres à Khône. Notre poste de Khône avait été attaqué. Le 14 juillet, traversant le Mékong en pirogue, le capitaine Adam de Villiers enleva les forts siamois des îles de Don-Than et Ta-Phum ; le 19, les îles Don-Dua, Don-Ngo et Don-Son. Les Siamois eurent 300 hommes blessés, 200 tués. Ils laissèrent une quarantaine de prisonniers, 50 fusils, un canon.

Les canonnières qui se dirigeaient sur Bangkok ignoraient ces hostilités et ne supposaient pas que les Siamois eussent ainsi déclaré la guerre. Elles abordèrent, sans défiance, les passes du Ménam, les franchirent et commencèrent à remonter le fleuve.

Arrivées vers six heures du soir devant les forts qui en gardent l'entrée, elles reçurent tout à coup, sans avis préalable, deux salves de huit pièces de gros calibre.

Immédiatement, elles rispostèrent et forçant de vapeur, passèrent entre sept navires siamois rangés des deux côtés de la passe. L'*Inconstant* eut trois blessés, la *Comète* deux morts. Mais les deux navires forcèrent la passe et vinrent mouiller à côté du *Lutin*.

Le lendemain, la chaloupe le *J.-B. Say*, chargée du service postal de Saïgon à Bangkok, était pillée et coulée par les Siamois.

Tels furent les incidents qui amenèrent le traité du 1er octobre 1893 sur les bases de l'ultimatum du 15 juillet.

Ces détails, peut-être un peu circonstanciés, n'étaient point inutiles, d'abord parce qu'ils sont peu connus, puis, parce qu'ils établissent

clairement la modération et la bonne foi de la
France, les agressions et la perfidie du Siam ;
enfin parce qu'ils montrent combien notre intervention a été pacifique, volontairement acceptée
— on peut même dire : ardemment désirée —
par les populations heureuses aujourd'hui d'être
passées sous la domination française.

En effet, pour ce pauvre pays dévasté, pillé, opprimé depuis des siècles, l'intervention française a été non seulement une délivrance, mais un inappréciable bienfait.

En moins de six ans la face du pays a été changée. En 1880, M. le docteur Harmand, dans son ouvrage sur *le Laos et les populations sauvages de l'Indo-Chine*, écrivait que les Khas riverains du Mékong, comme les habitants des vallées transversales, vivaient misérablement, dans un état de véritable sauvagerie.

Cet état de choses non seulement a duré mais s'est aggravé pendant les dernières années de l'occupation siamoise. En 1893, Kemmarat était presque désert ; Stung-Treng et ses environs n'avaient pas 10.000 habitants. Et, en 1899, la circonscription de Stung-Treng compte 60.000 âmes. Le Bas-Laos a exporté, en 1898, pour près de 350.000 piastres de marchandises diverses, et pour plus d'un million d'animaux : éléphants, buffles, bœufs, etc. Stung-Treng devient une ville ; le Mékong est desservi par une ligne de bateaux à vapeur et il y a sept bureaux de postes et télégraphes au Laos.

D'ailleurs ce sentiment de délivrance se traduisit immédiatement. Le roi de Luang-Prabang, dès le 29 septembre, écrivait à M. Lugan, agent français au Laos, non seulement pour affirmer sa soumission, mais pour le prier de demander au gouvernement français, qu'il obtînt du gouvernement de Bangkok le renvoi au Laos des « fils de princes et mandarins, retenus dans les « écoles de Bangkok, pour les renvoyer, si le « gouvernement voulait bien les recevoir dans « les écoles françaises. »

Et depuis que nous occupons le Laos, la tranquillité n'a jamais été troublée, la sécurité y est complète.

Mais le traité du 1er octobre 1893 ne suffisait pas à nous donner la pleine et paisible possession du Laos. Il fallait encore négocier avec la Chine qui occupait, sinon effectivement, au moins virtuellement le territoire du Muong-Hou et avec l'Angleterre, qui, au nom de la Birmanie, élevait des prétentions sur le cours du Mékong avec l'arrière-pensée, presque avouée, d'en faire « *la route la plus courte* » pour arriver en Chine.

Le Muong-Hou, territoire de 4.500 kilomètres carrés, compris entre le 20° 15′ et 22° 40′ de latitude nord et le 99° 12 et 99° 40 de longitude est, se trouve à cheval sur le Nam-Hou, affluent du Mékong, qui, coulant du nord au sud, naît dans les montagnes du Yun-Nan et tombe dans le fleuve un peu au-dessous de Luang-Prabang.

Ce territoire faisait partie des « Douze Muongs » (Muong veut dire : province, circonscription) qui constituaient les *Sip song pannas* (1.200 rizières) appartenant au royaume de Xieng-Hong, c'est-à-dire à la Chine.

Le Muong-Hou payait au Xieng-Hong — dont le « roi » n'est pas reconnu roi par la Chine mais seulement comme « mandarin de rang supérieur » — un tribut de 300 taëls — à peu près 10.300 francs. — Il a une population d'environ 8.000 habitants.

Les négociations avec l'Angleterre furent plus longues. On discuta vivement la création d'un « État tampon » entre les possessions des deux puissances. Enfin aboutit l'accord du 15 janvier 1896 qui donnait le Mékong pour limite à la Birmanie et au Laos, c'est-à-dire restituait au Laos sur la rive gauche, le Muong-Sing,

Poste commercial à Stung-Streng.

occupé jusqu'alors par des forces anglaises, cédait à l'influence française « la zone entre Mékong et Ménam » et ratifiait le traité siamois de 1893.

Au-dessous des deux Muongs, le royaume de Luang-Prabang forme la plus grande partie du Haut-Laos. Ce royaume était « à cheval sur le Mékong. » Il ne paraît pas, cependant, que les rois de Luang-Prabang aient repris possession de toute la partie de leurs États qui se trouvait sur la rive droite. Ce qui leur en reste n'a pas la superficie qui devrait lui appartenir ; ce territoire est administré par le second roi. Le « vieux roi » gouverne la rive gauche, bien autrement grande et peuplée. Et, en thèse générale, on peut dire que la France a mis une certaine négligence à profiter des avantages qui lui ont été concédés. Il y aura lieu de régler, un jour ou l'autre, certaines questions indécises ou litigieuses qui subsistent encore entre le Siam et l'Indo-Chine à ce sujet. D'autant que nous comptons dans les territoires de Xieng-May, Lakhone, Lampoun, Phré et Nan environ 15.000 protégés français et que, d'autre part, le consul français de Lakhone a dû abandonner son poste par suite des mauvais procédés des Siamois.

Le pays des Hua-Phans-Tang-Hoc, à l'est de Luang-Prabang, est voisin de l'Annam. Bien qu'il soit admis que la ligne faîtière des montagnes sépare le Laos de l'Annam, le pays des Hua-Phans est à cheval sur la crête des plateaux et les rivières qui le traversent appartiennent au bassin de la rivière Noire ou du Song Ma.

Jusqu'à ce jour le Haut-Laos nous était assez mal connu. Doudart de Lagrée — après Mouhot — et Francis Garnier en avaient été les premiers explorateurs qui en eussent rapporté des renseignements scientifiques. Les missions de M. Pavie avaient complété ces « reconnaissances ». Mais bien des régions demeuraient inexplorées. Aujourd'hui l'organisation, encore rudimentaire, mais efficace déjà, qu'a reçue le Laos nous a permis de préciser les notions sommaires qu'on avait sur les races, les populations, les productions du pays.

Le Laos, de temps immémorial, périodiquement envahi ne pouvait manquer d'avoir une population très mélangée. Il est difficile de dire avec certitude quelles étaient les races autochtones qui ont servi de *substratum* à toutes les couches d'envahisseurs étrangers. Les Thaïs, ou

Thays, et les *Lus* se prétendent aborigènes ; et il est probable, en effet, que ce sont sinon les « fils de la terre » mais au moins les occupants les plus anciens dont on ait trouvé la trace. Les Thays et les Lus sont probablement d'origine mongolique ; mais le type mongol a été, chez eux, modifié par des mélanges de sang aryen.

Leur langue, quoiqu'elle contienne des mots chinois, se rapproche des dialectes parlés en Annam et au Siam. Leur écriture est phonétique, leurs pratiques religieuses rappellent assez celles de l'Inde boudhique. Les *Lus*, cependant, quoique tendant à se confondre avec les Laotiens, participent davantage du type chinois. Les Thays du territoire de Luang-Prabang — (*Phou-Thais*) — sont dits : Thays *noirs* parce qu'ils ont le teint beaucoup plus foncé que les habitants de Lai-Chaŭ, appelés Thais *blancs*. Il est à supposer que les premiers sont plus fortement mâtinés de chinois et les seconds d'annamite.

Parmi les Thays laotiens — *Lao* — on distingue les *Youns* établis sur la rive droite du Mékong, à Xieng-Mai, Muong Nam, etc. On les appelle « *Laotiens à ventre noir* »(*Lao-phoung dam*) parce qu'ils se tatouent le ventre, tandis que les Phou-Thays de la rive gauche se tatouent les cuisses et le haut des jambes et sont appelés *Lao-phoung-khao, Laotiens à ventre blanc.* Les *Khos, Méhos, Yaos,* habitants des montagnes, cultivateurs de maïs et de pavot, sont d'origine chinoise ; les *Hos* sont des Chinois récemment venus et restés dans le pays.

Dans le Bas-Laos, et aussi dans une partie du Haut-Laos, se rencontre une population assez nombreuse de *Khas.* Bien que les légendes laotiennes prétendent que les Laotiens et les Khas sont sortis « de la même citrouille » — (*Nam-tao-phoum*) — il est certain que les Khas sont d'origine Khmer avec un certain mélange d'Annamite et de Malais. Ce sont les restes des peuples Khmer repoussés du Cambodge au moment — anté-historique — où périt la puissance des Khmers. Réfugiés dans les montagnes ou dans les forêts qui bordent le Mékong, ils ont dû nécessairement se trouver en contact avec les Malais repoussés du littoral. Ils ont également reçu les fugitifs de l'Annam et même du Siam.

Toutes ces peuplades, d'ailleurs, éparpillées sur des surfaces immenses, ont modifié, selon les conditions de leur existence, leurs mœurs et même leurs traits secondaires. Il est facile de constater des différences notables entre des tribus qui cependant appartiennent à la même origine.

Tous ces petits peuples pratiquent un boudhisme assez mal défini et mélangé de superstitions étranges. Les bonzes sont partout très respectés ; ils sont vêtus de jaune et portent un jupon et une draperie rejetée sur l'épaule. Ils sont en même temps maîtres d'école. C'est généralement parmi les bonzes que se recrutent les « phia » ou chefs Laotiens.

Comme en Chine — comme dans presque tous les pays non civilisés — les éclipses de soleil ou de lune sont pour les populations un objet d'épouvante. Elles s'expliquent par l'intervention d'un « Kop » — tigre — du ciel qui « dévore » l'astre et qu'on met en fuite à force de bruit. En somme, comme dans tous les pays boudhistes, la religion se réduit à peu près à un culte pieux des ancêtres et aux principes de la morale.

Les peuples du Laos sont doux et timides de caractère et ce n'est pas sans un sourire qu'on peut évoquer le souvenir des légendes terrifiantes répandues en 1893 sur le compte des « farouches montagnards » du Laos contre lesquels il fallait envoyer des forces considérables si on ne voulait pas s'exposer à des désastres certains. A ce moment, si l'on eût écouté les conseils de certains journaux, c'est toute une armée qu'on aurait mise on route pour Stung-Treng et Luang-Prabang où deux compagnies suffirent. Le Laotien, paisible, indolent et apathique, s'émeut difficilement. La race, accoutumée depuis des siècles à être foulée, opprimée, pillée et battue, ne sait pas se révolter. Mais elle sait apprécier la paix et la justice et c'est pourquoi, n'ayant jamais employé la force contre ces populations, nous pouvons compter sur leur affection et leur fidélité.

Les Laotiens sont en général de taille élevée et robustes. Ils ont les traits assez réguliers, une physionomie ouverte. Ils sont très sobres et se nourrissent presque exclusivement de riz gluant, cuit à la vapeur d'eau, qu'ils accompagnent de poisson salé ou de piments. Ils boivent de l'eau pure, bien que le thé soit cultivé dans le Muong-hou. Le vêtement des hommes se rapproche beaucoup du costume annamite : un large pantalon et une veste. L'homme porte les cheveux en brosse.

Les femmes portent une jupe qui descend jusqu'à la cheville et monte jusque sous les bras recouvrant les seins. Une veste très courte et une écharpe jetée sur l'épaule complètent le costume. Les femmes mariées font de leurs cheveux un chignon. Les jeunes filles les laissent tomber dans le dos, attachés avec un ruban. Leurs bijoux, bracelets, colliers, épingles à cheveux, etc., sont en argent.

Le Laotien est commerçant par nature. Les Khas sont plutôt cultivateurs. Il y a un marché permanent à Luang-Prabang et les échanges y sont très actifs. On calcule qu'à certains jours ces marchés attirent 5 à 6.000 personnes.

Les Khas répandus entre le Mékong et les montagnes d'Annam sont les moins civilisés. Très indolents, très superstitieux et, d'ailleurs, n'ayant que peu de besoins, ils ne travaillent que le moins possible. Ceux qui habitent dans les environs des rivières aurifères s'établissent pendant une quinzaine de jours sur le bord des sables et lorsqu'ils ont ramassé une quantité d'or suffisante pour payer l'impôt — 5 fr. par tête — et pour acheter quelques buffles, ils abandonnent le travail. Il n'est pas possible de compter sur la main-d'œuvre des Khas pour exploiter les gisements aurifères. Quand on leur offre du travail, ils ont toujours la même excuse à donner : « les *phis* — esprits ou génies — ne veulent pas » ; ou bien « l'oiseau n'a pas bien chanté ». Le chant des oiseaux, en effet, joue un grand rôle dans la vie des Khas. C'est le chant des oiseaux qui indique l'emplacement des villages et des cultures.

Pour leurs cultures, ils pratiquent le système des « raïs » qui consiste à incendier une partie de forêt pour déblayer le terrain. Il en résulte que, déjà sur une grande étendue, ils ont déboisé les plateaux de la région d'Attopeu et des Bolovens. Quand il n'y a plus de forêts à brûler, les tribus émigrent. C'est ainsi que les Bahnars et même les Sédangs, se plaignent d'être envahis par des Khas venus du sud à la recherche de forêts à brûler. Il y a là des précautions à prendre pour éviter l'appauvrissement du pays et la disparition des forêts.

En prenant possession des territoires du Laos, nous avons respecté leur organisation et leurs

autorités indigènes. Dans les Muongs, ce sont
des administrateurs « Muongs » qui gouvernent
le pays. Dans le pays des Hua-Phans — ou
Opans — le pouvoir est confié à quatre mandarins principaux dans chacun des six Hua-Phans
— littéralement : *mille têtes*, c'est-à-dire, *grand
village* — canton — qui forment une sorte de
conseil et s'occupent tous ensemble de l'administration générale.

Le royaume de Luang-Prabang, comme tous
les États d'origine Khmer, a deux rois dont le
premier seul gouverne. Le « vieux roi » de Luang
Prabang, le « châu « (chao) signe dans les pièces
officielles : « Chau Sakkarine Tap Ritti Tamroug,
roi de Luang Prabang. »

La législation des Laotiens est passablement
vague. Toutefois elle pratique volontiers le système de « la composition » qui faisait jadis le
fond des coutumes franques et germaines, c'est-
à-dire le rachat des offenses, des fautes et même
des crimes moyennant une indemnité tarifée.

Climat. — Le Laos est un pays de montagnes,
de plateaux et de vallées. Le climat est donc
variable selon les régions. Sur les hauts plateaux il est excessif allant du froid — zéro — à

l'extrême chaleur — $+ 35°$ — Mais dans sa moyenne, il est plus tempéré que le climat du Cambodge et de l'Annam. La saison sèche va de novembre à avril ; c'est la meilleure, la plus saine, la saison des voyages pour les caravanes du Yunnan et du pays des Shans Birmans. De juin à fin octobre, la saison des pluies, commençant par de violents orages, est féconde en bourrasques. Du 1ᵉʳ juin au 30 octobre on a compté de 85 à 88 jours de pluie. C'est la saison où la navigation est active sur le Mékong.

Population. — La population du Laos avait été estimée à près de trois millions d'âmes. (*Annuaire colonial*, 1898, p. 727.) Mais ce chiffre est grandement exagéré. Le Bas-Laos, d'après les renseignements officiels, n'a guère que 280.000 habitants. Le royaume de Luang Prabang en a près de 300.000 ; le Muong-Hou, 8.000 ; les Hua-Phans, 33.000 ; le Muong-Sing, de 15 à 20.000 ; à peu près 360.000 âmes pour le Haut-Laos ; soit de 6 à 700.000 habitants pour tout le pays.

Dans les premiers temps de l'occupation, le Laos fut divisé en deux territoires : Le Haut-Laos, administré par un commandant supérieur

civil, et le Bas-Laos, gouverné par un commandant supérieur militaire.

Actuellement, le Laos dans son entier est
administré par un résident supérieur. Le Haut-
Laos est divisé en 8 commissariats, le Bas-Laos
en a sept. On compte aujourd'hui ces 15 commissariats pour 15 provinces.

Luang-Prabang n'est plus la capitale *française*
du Laos. On a fait choix d'une position plus centrale et d'un accès plus facile. La résidence
supérieure est à Savannakek, à l'extrémité du
deuxième bief du Mékong qui, de Savannakek à
Vien-Tian, est navigable sur une longueur de
500 kilom. Une route est en construction du
Mékong à Hué par le col d'Aïlao. Plus tard une
ligne ferrée conduira du Mékong à Tourane les
produits du Laos.

FAUNE ET FLORE.

La faune du Laos diffère peu de celle du Tonkin et de l'Annam. L'éléphant s'y rencontre en
troupeaux. La capture et le dressage de ces animaux est une industrie laotienne. En 1898, le
Bas-Laos a vendu au Cambodge et au Siam 350

éléphants. Ceux du Haut-Laos, un peu moins nombreux, se vendent au Siam.

Le tigre, la panthère, l'ours, l'ours des palmiers, une grande variété de singes, le cerf, le buffle sauvage, se rencontrent dans les forêts. Tous les oiseaux migrateurs et tous les oiseaux d'eau se rencontrent dans les régions basses. Le paon, le coq des bois, diverses espèces de faisans habitent les clairières et les abords des cultures. Les rats sont nombreux et, en particulier le rat des rizières qui fait de grands dégâts dans les plantations.

Productions. — La flore varie du nord au sud. Celle du Haut-Laos se rapproche de celle de la Chine. Le thé s'y trouve à l'état sauvage, le mûrier également. Il s'y rencontre des bois de teck, rares dans les autres parties de l'Indo-Chine.

Le coton et le riz sont cultivés sur de plus grandes surfaces au Bas-Laos. Le pavot, au contraire, réussit mal dans la plaine, et sa culture est restreinte à peu près aux montagnes des Hua-Phans.

Le Haut-Laos, plus cultivé cependant que le Bas-Laos, ne produit guère que la quantité de riz suffisante pour nourrir ses habitants. Il exporte, par la Birmanie, dont les shans fréquentent le marché de Pnom-Penh, du coton, de la cire d'abeille, récoltée abondamment dans les forêts des Hua-Phans, du cardamome, du benjoin et du sel assez impur, extrait par ébullition de divers puits situés dans le Muong-Hou. Mais la difficulté des transports et leur cherté restreignent beaucoup le commerce. De Luang-Prabang à Bangkok, on met 40 jours, et le frêt coûte de 150 à 200 piastres la tonne.

Les Hua-Phans, qui sont sur le versant oriental de la montagne, construisent dans la saison des pluies, en décembre, des radeaux sur la rivière de Nam-Ma et Nam-Nam et peuvent ainsi amener leurs marchandises sur les marchés de l'Annam, à Than-Hoa ou Ngê-an. Un des articles qu'ils achètent le plus fréquemment au retour, ce sont... les parapluies. Les Lus et les Chinois, colporteurs ou caravaniers, qui viennent chaque année dans le Hua-Phans importent surtout de la pacotille allemande : étoffe, toile blanche, miroirs, etc. Ils achètent toute la soie qu'ils trouvent dans le pays, car les Hua-Phans ont des mûriers. Les charrues avec lesquelles ils labourent leurs rizières sont en bois, d'une seule pièce et attelées d'un seul buffle.

Le Muong-Hou et le Luang-Prabang ont du coton, du thé médiocre, qui se vend 18 piastres le picul, du pavot, de l'ortie chinoise, du cardamome, du benjoin, de la cire, des cuirs. Il existe dans le pays une espèce de vigne à l'état sauvage, mais les raisins n'ont qu'une pulpe grossière. La banane n'y est point comestible. Les oranges et les mangues sont les fruits les plus abondants.

Le Bas-Laos produit surtout du riz, du cardamome, de l'ortie de Chine, des peaux et cornes. En 1898 il a exporté 4.675 piculs de cardamome valant 102.850 piastres, 12.469 piculs de paddy valant 4.987 piastres ; 904 piculs d'ortie de Chine d'une valeur de 8.136 piastres ; 601 pirogues au prix de 18.030 piastres (soit 30 fr. la pirogue). On voit que la valeur du cardamome et son abondance en font un produit précieux.

Or le cardamome abonde au Laos.

Les richesses minières du Laos, encore imparfaitement connues, paraissent devoir être considérables.

L'or se rencontre en assez faible quantité dans

le Haut-Laos, dans les régions de Pak-Beng et de Long-Tong. Il est recueilli par lavage à la « battée » dans les sables des rivières. Mais dans le Bas-Laos et principalement dans la région d'Attopeu, les lavages sont fructueux et il existe, dit-on, des filons sur certains points. Ces terrains ont été concédés à la « Société d'études des mines d'or d'Attopeu ».

On a reconnu dans les Muongs du Nord des gisements de cuivre ; dans la province de Luang Prabang plusieurs gisements d'argent, de plomb et d'antimoine. Mais ils ne sont exploités que pour les besoins locaux. Le prix du plomb est de 9 piastres le picul, soit 0 fr. 36 le kilog.

Le sel est recueilli dans des puits d'eau salée.

Toutefois une exploitation singulière se rencontre au Muong-Hou dans un îlot de très faible étendue — deux hectares environ — sur la rivière du Nam-Phak, affluent de droite du Nam-Hou. Le procédé d'extraction est étrange : On étend chaque soir sur l'îlot une couche de terre meuble rapportée. Le lendemain cette terre est couverte de cristaux de sel. On lave et on évapore.

Le roi de Luang-Prabang avait fait exploiter pour son compte, en 1896, diverses salines.

Mais, faute d'un rendement suffisant, l'exploitation a été abandonnée.

Les indigènes exploitent par des procédés fort imparfaits les minerais d'étain d'un gisement situé sur le Nam-Paten, affluent de gauche du Nam-Hin-Boun, lequel est un affluent de gauche du Mékong. Le minerai est extrait d'une couche ou filon qui se trouve à 1 mètre de profondeur. On le pile, à la main, dans un mortier en bois, avec un pilon en bois armé d'une petite calotte de fer ; et les fourneaux où on le fond ne peuvent donner que quatre ou cinq kilos de métal.

La concession de ces mines ainsi que des gisements de la vallée de Nam-Hin-Boun a été faite, le 9 octobre 1896 au « Syndicat minier du Laos ».

On signale des mines de fer — chez les Sédangs, il en existe qui sont exploitées — des gisements de soufre et des sables à pierres précieuses, rubis, émeraudes, etc. Mais la difficulté des explorations, l'absence de toute main-d'œuvre et les distances ne permettront pas de longtemps la recherche et l'exploitation industrielle des mines du Laos.

L'argent et l'or sont les métaux d'échange les plus usités. L'or se pèse et n'est point à

Maison commune du village de.... (Laos).

l'état de monnaie. L'argent, en barre ou en
« galettes », est souvent impur et adultéré d'un
alliage de plomb. Le fer à l'état de « piochettes »
valant 0 p.05 — cinq *cents* — sert aussi de
monnaie chez les Khas. On se sert également de
barres de cuivre et de lingots de fer. La *roupie*
indienne, au taux de 1 60 et le *tical* au
même taux, sont assez répandus. La monnaie
d'Indo-Chine est également reçue. On emploie
même les cauries, en chapelets de 100. Mille
cauries valent 0, 66.

Les poids et mesures sont les mêmes que ceux
du Cambodge.

LE BUDGET

Le budget du Laos pour 1899 se montait à
692.531 piastres. Mais sur ce chiffre la subvention accordée par l'Indo-Chine est de 535.805
piastres.

En 1897, les recettes réalisées se sont élevées
à la somme de 182.283 p. On n'a prévu pour
1899 qu'une recette de 158.686 p. Il y a lieu d'espérer que ce chiffre sera largement dépassé.

Bien que Luang-Prabang ne soit plus la capitale du Laos, c'en est encore la ville principale.

Assise au pied d'une colline nommée Kham-Khas et sur laquelle subsistent les ruines d'anciennes fortifications, la ville consiste en une grande rue qui longe le fleuve et que coupent quelques ruelles. Sur la colline s'étagent quelques pagodes et, extérieurement à la ville le « palais » du roi, composé d'un certain nombre de bâtimeuts en bois d'un confortable douteux. Le palais, entouré de palissades, touche à la paroi de la colline et par un escalier de plusieurs centaines de marches, communique avec la « pyramide sacrée » qui surmonte le sommet.

La ville est un marché perpétuel. Les boutiques se touchent tout le long de la grande rue. Sur le fleuve c'est un mouvement continu de bateaux et de pirogues. La population est d'environ 10.000 habitants ; mais on peut compter de 5 à 6.000 âmes de population flottante aux jours de grand marché.

Lorsque la navigation du Mékong aura été suffisamment améliorée pour que la marchandise puisse arriver, sans rompre charge, jusqu'à Khône, le marché de Luang-Prabang prendra, certainement, une importance bien plus considérable.

KOUANG-TCHÉOU-WAN

La France a fait récemment, à proximité du Tonkin, une acquisition importante par elle-même, mais plus précieuse encore par les conditions accessoires contenues dans le contrat qui nous l'a donnée.

Par une convention siguée le 10 avril 1898, la Chine a donné à bail à la France pour 99 ans, la baie de Kouang-Tchéou-Wan. La même convention contenait la concession du chemin de fer de Laokay à Yunnan Sen, et confiait à la France l'organisation et la direction du service des postes en Chine. De plus la Chine s'interdisait d'aliéner sans l'assentiment de la France aucun territoire dans les provinces limitrophes du Tonkin (Yunnan, Kouang-Si, Kouang-Tong) et dans l'île de Haï-Nan. Les difficultés suscitées par les mandarins locaux au moment de notre prise de possession et l'assassinat de deux officiers de marine, les enseignes Gourlaouen et Koun, tués par des réguliers chinois au cours d'une reconnaissance, ont motivé d'autres revendications de la part de la France qui a demandé et obtenu la concession *in globo* des mines du Leï-Tchéou, du Kao-Tchéou et du Lien-Tchéou. Les gisements houillers reconnus déjà dans le Leï-Tchéou donnent à cette concession une valeur considérable. Enfin, la France aura le droit de construire un chemin de fer d'un point quelconque de notre nouvelle possession à Ompon, c'est-à-dire à la baie d'Ompon qui est une sorte de port naturel sur la côte ouest de la presqu'île de Leï-Tcheou. Ce chemin de fer traverserait l'isthme qui relie la presqu'île au continent. La France aura seule le droit de construire à Ompon des appartements, des magasins, une garde, etc. Les navires de guerre français et les chinois — en temps de paix seulement — pourront seuls stationner dans la rade d'Ompon.

La baie de Kouang-Tchéou-Wan est située par 21° de latitude nord et 108° de longitude est (méridien de Paris). Elle constitue l'estuaire de la rivière de Ma-Tshe. Elle est fermée et abritée par deux grandes îles : l'île des Aigrettes, au nord, séparée du Kao-Tcheou-Fou par le canal des Aigrettes, qui est un chenal navigable à tous navires, d'une longueur de 15 kilom. sur une longueur variant de 2 à 5 kilom. L'île des Aigrettes a environ 12 kilom, de long sur 8 de large en moyenne ; au sud, l'île de Tong-Haï — ou Than-Haï — qui forme un carré long, prolongé en pointe à ses quatre extrémités et poussant au nord une pointe allongée en son milieu. Plusieurs petites îles se rencontrent dans l'espèce de mer intérieure que ferment l'île des Aigrettes et l'île de Tong-Haï. Cette baie communique avec la mer par un détroit d'environ quatre kilomètres de large entre les deux îles et deux fortes collines dominent les bords du détroit : la *colline verte* sur l'île des Aigrettes, la *colline rouge* sur Tong-Haï. Une autre passe, longue et étroite, sépare Tong-Haï de la presqu'île de Leï-Tcheou. Il y a donc là une immense rade d'environ 30 kilom. de long sur une dizaine de kilom. de large, parfaitement abritée, naturellement défendue et servant d'estuaire à une rivière dans laquelle les plus forts navires de guerre peuvent remonter jusqu'à plus de 20 kil.

La baie n'a nulle part moins de cinq brasses et demie de profondeur. Au sud de Tong-Haï se trouve une île plus petite, Nao-Tchéou accompagnée d'un îlot appelé le Fer-à-Cheval. L'île de Nao-Tchéou est défendue par plusieurs forts sur sa côte ouest.

La délimination signée le 15 novembre 1899 nous donne dans le Kao-Tcheou-Fou, un territoire de 18 kilom. de long sur 10 de large ; à l'Est la limite passe par le milieu de la rivière de Mui-lon. Un certain nombre de petites îles en dépendent. A l'Ouest, ce territoire constitue la rive gauche du Matshé. Dans le Leï-Tchéou la concession s'étend sur un territoire de 25 kilom. de long sur 15 de large. La limite passe par les villes ou villages de Tché-Kam, Té-Moun, Te-Man — inclus — laissant la ville de Leï-Tcheou-Fou, capitale de la péninsule, à une dizaine de kilomètres au sud. Sur la rive droite de Matshé, à son embouchure, nous avons construit un fort appelé Fort-Bayard.

La population de ce territoire est très dense. On n'en connaît pas encore exactement le chiffre, mais il paraît considérable.

A l'heure actuelle Kouang-Tcheou-Wan est

desservi par les bateaux à vapeur des *Corres-pondances fluviales* qui font le voyage de Hong-Kong et, au retour, touchent à Kouang-Tcheou-Wan, à Hoï-Hao, sur la côte nord de Haï-Nan où nous avons pris pied et où nous avons un consulat, et à Pak-Hoï, où nous sommes établis depuis quelques années.

Le commerce de Kouang-Tcheou-Wan est considérable. La région avait déjà des relations très suivies avec Macao et avec Canton par Kong-Moun, sur le Tsi-Kiang, par où passaient les marchandises à destination de Canton. Mais la position exceptionnelle de Kouang-Tcheou-Wan, mieux abritée que Hong-Kong, absolument inattaquable, à proximité de mines de houille qui permettent de créer un grand dépôt de charbon, fait espérer un grand développement. Il est probable que, — si ce n'est déjà fait — les *Messageries maritimes* feront escale à Kouang-Tcheou-Wan. C'est le premier point de relâche qui se rencontre sur la route directe des paquebots qui vont en Chine et au Japon. Si nous savons tirer parti de la position, Kouang-Tcheou-Wan doit, à bref délai, supplanter Macao et rivaliser avec Hong-Kong.

Il est déjà question de relier Kouang-Tchéou-Wan au Tsé-Kiang, — rivière de Canton — par chemin de fer. Les Anglais proposent de construire cette ligne, probablement avec l'arrière-pensée de se créer dans cette région des droits et une position qui limiteraient nos progrès et empêcheraient dans l'avenir, toute extension de territoire en notre faveur.

Les conventions nous donnent, pour la sûreté des exploitations minières qui pourraient être entreprises dans les trois territoires de Leï-Tchéou, de Kao-Tchéou et de Lien-Tchéou, un droit de contrôle sur les *phu* (préfectures) de ces trois circonscriptions.

La possession de Kouang-Tchéou-Wan est une garantie, presque une hypothèque prise pour sauvegarder nos intérêts au cas — assez probable — d'éventualités graves. Nous avons, maintenant, « pris une bonne position ». Nous pouvons attendre.

Mais il n'y aura pas de temps perdu. La prise de possession définitive a eu lieu et l'organisation du nouveau territoire vient d'être complétée. Un décret du 5 janvier 1900 avait placé Kouang-Tchéou-Wan sous l'autorité du Gouverneur général de l'Indo-Chine. Par un arrêté du 27 janvier, le Gouverneur général à fixé l'organisation administrative de la nouvelle province. Elle sera gouvernée par un administrateur civil de l'Indo-Chine représentant le Gouverneur général tant pour les affaires intérieures que pour les relations avec les autorités chinoises des territoires voisins.

Le territoire sera divisé en trois circonscriptions : la rive gauche de la rivière Mat-Thé, c'est-à-dire la partie détachée du Kao-Tchéou, et l'île des Aigrettes ; la rive droite, c'est-à-dire la partie détachée du Leï-Tchéou ; enfin les deux îles de Tong-Haï et de Nao-Chau. Ces trois circonscriptions seront gérées par des administrateurs adjoints.

L'organisation indigène est maintenue. Comme dans les pays annamites elle a pour base la commune administrée par le Kong-Hu — conseil des notables — sous la direction exécutive d'un chef responsable devant les autorités françaises.

Pour l'administration de la justice l'administrateur-gouverneur exercera les attributions d'un juge de paix à compétence étendue statuant d'après la procédure et la législation établies en Cochinchine par le décret du 17 mai 1895 et devenues communes à l'Indo-Chine. Un tribunal mixte, composé de l'administrateur-président et de deux assesseurs indigènes choisis par lui, connaîtra des affaires indigènes au civil et au criminel. La peine capitale ne pourra être appliquée qu'après approbation du Gouverneur général. Dès qu'un Français, un Européen ou assimilé, sera partie au procès, la juridiction française sera seule compétente.

Il sera institué un budget dont les recettes se composeront des impôts, taxes, fermages locaux qui seront établis ultérieurement et dont les ressources seront employées à solder les dépenses des administrations française et indigènes et à faire des travaux publics.

Le Gouverneur général s'est rendu lui-même à Kouang-Tchéou-Wan pour procéder à l'installation de l'administrateur chef du service. Cette installation a eu lieu dans les premiers jours de février.

Il sera fait appel pour le 15 mars, aux Compagnies qui voudront bien faire des offres pour établir une ligne maritime postale de Haïphong à Kouang-Tchéou-Wan avec un voyage par quinzaine dans les deux sens.

Jusqu'à l'arrivée de nos troupes, les habitants de cette région n'avaient jamais vu d'Européens; et ils ont manifesté une curiosité mélangée de frayeur en voyant les étrangers que les autorités locales appelaient : « Les diables du soleil couchant. »

CONCLUSION

L'Indo-Chine aura été pour la France une grande école de colonisation. Nous y avons fait successivement l'épreuve de tous les systèmes et de toutes les politiques. En Cochinchine et au Tonkin, nous avons pratiqué le régime de la conquête, du militarisme et de l'administration directe. En Annam, nous avons subi tous les inconvénients de l'annexionnisme et du protectorat apparent mais peu loyal et oppressif. Au Cambodge comme en Annam, nous avons, en 1885, employé la force pour imposer nos volontés ; et nous avons pu juger, par les résulats, la valeur de ces procédés. Le Tonkin nous a coûté plus de 200 milions. Il nous a valu deux fois la guerre avec la Chine, guerre sans résultats profitables mais non sans pertes vivement ressenties. Et si, en 1892, le Gouvernement général avait écouté les rapports et suivi les suggestions de l'autorité militaire, alors que le général Reste annonçait « une invasion chinoise de 5 à 10.000 réguliers », une troisième guerre eût été déclarée à la Chine, une autre série de déficits eût commencé.

Par contre, dès que, renonçant à considérer la colonisation au point de vue exclusif des intérêts personnels du militaire et du fonctionnaire, nous avons bien voulu tenir compte des populations, respecter leurs lois, leurs habitudes, leurs droits et leur liberté, nous avons immédiatement obtenu la paix, l'obéissance, la fidélité et même l'attachement des indigènes. Quoi de plus logique et de plus naturel ? Il semble en vérité que cette politique eût dû, dès le premier jour s'imposer d'elle-même et que pas un esprit raisonnable n'ait dû la contester. Cependant, il a fallu vingt ans de combats, de troubles, de déficits, de mécomptes, d'accidents et parfois de désastres pour qu'il fût possible d'essayer timidement une politique moins militaire et moins violente. Et si nous avons, en Indo-Chine, établi un régime de paix, de justice et de bonté, nous en sommes encore loin dans nos possessions de l'Afrique centrale où se multipliaient encore, il y a peu de temps, les expéditions armées.

Notre ignorance presque absolue des choses coloniales, notre orgueil et notre chauvinisme national sont pour beaucoup dans cette déplorable conduite. Pour l'immense majorité du public français, et il n'en faut même pas excepter la plupart de nos hommes politiques, tous les indigènes de nos possessions coloniales sont des sauvages, encore plongés dans les ténèbres intellectuelles, vivant à l'état de barbarie, incapables de toute civilisation. Ce sont des « races inférieures » auxquelles il est impossible de rien apprendre, et qu'il faut gouverner par la force, faute de pouvoir les gouverner par la raison. Et, convaincus non pas seulement de notre supériorité mais de notre infaillibilité de civilisés, nous brusquons sans les comprendre ces pauvres gens, sous prétexte de leur apporter « les bienfaits de la civilisation. »

Brutalisés et opprimés, ces malheureux se défendent et nous les rendons responsables d'hostilités qui sont notre œuvre. L'Afrique, sur ce point, nous offre un témoignage impossible à récuser : Les premiers explorateurs qui, seuls et sans armes, se sont aventurés dans les pays vraiment sauvages, ont trouvé partout un accueil pacifique et souvent hospitalier. Ce n'est que dans les pays relativement policés, chez les musulmans qui, déjà, par un certain contact avec les nations européennes étaient devenus hostiles à leur pénétration, que les sultans et les almamys ont molesté, attaqué et parfois massacré les voyageurs. Mais aujourd'hui, par toute l'Afrique centrale, l'état de guerre est permanent et les explorateurs n'y marchent que les armes à la main.

Le règne du militarisme colonial n'est pas encore complètement fini. Ce n'est pas en une dizaine d'années que peuvent disparaître sans laisser de traces une organisation, des lois, des mœurs, des habitudes et des préjugés, alors surtout que cette disparition blesse des amours-propres et compromet des intérêts. Jusqu'au 14 mars 1889, les colonies ont appartenu au département de la marine, et cela se comprenait parce qu'à cette époque, les colonies étaient indispensables à la marine. La navigation à voiles exigeait des marins de métier. Pour fournir des matelots à la flotte de guerre, il fallait une marine marchande qui fît des matelots. Et pour que cette marine marchande pût se créer et prospérer, il fallait des colonies où elle pût porter les produits français, d'où elle rapportât ce qu'on appelait alors les « denrées coloniales ». Tout cela se tenait et s'enchaînait étroitement. C'était la marine de guerre qui s'emparait, aux pays lointains, des points où l'on pouvait s'établir. Quand la flotte avait fait une conquête, il était tout naturel qu'un amiral fût chargé de l'organiser et de la gouverner. Et ce gouvernement, le plus souvent, était pacifique, l'action de la marine militaire ne pouvant s'exercer que sur les côtes et dans un très faible rayon vers l'intérieur. De sorte que, la plupart du temps, le gouvernement des amiraux se rapprochait beaucoup d'un gouvernement civil et nous lui devons des colonies qui nous ont été profitables.

Mais depuis que, la surproduction industrielle ayant obligé toutes les nations d'Europe à chercher de nouveaux débouchés, l'expansion coloniale est devenue pour elles une nécessité absolue, les petites colonies, restreintes au littoral, sont devenues insuffisantes. Tous les gouvernements se sont rués à la conquête des « vastes territoires ». Il a fallu substituer à l'action de la flotte celle des troupes de terre. L'infanterie et l'artillerie de marine sont devenues l'instrument des acquisitions coloniales. Et notre domaine s'étendant sur des espaces immenses, le gouvernement a dû s'émietter, se diviser. Au lieu d'un grand chef, capable et responsable, gouvernant un pays à peu près organisé, il a fallu multiplier les commandements éparpillés sur des centaines de lieues, confier à des officiers de grade inférieur une autorité toujours absolue et que les circonstances forçaient à devenir bientôt despotique, sur des populations qu'ils ne connaissaient pas, qu'ils ne comprenaient pas et qu'ils ne pouvaient comprendre.

Dès lors, il était inévitable que toute grande colonie devînt un champ d'exercice et de manœuvre, propice aux actions d'éclat faciles et peu dangereuses, une occasion continuelle de combats et de victoires. La guerre, la petite guerre, constituait désormais l'objectif principal, le seul but important de la politique coloniale, et la colonisation, négoce ou culture, passait au second plan, tenue désormais pour secondaire ou même gênante. C'était l'avènement dans toutes nos colonies nouvelles de cette domination exclusivement militaire, qui nous a valu en Algérie soixante ans de guerre, d'insurrections, de stagnation coloniale et dont les conséquences fâcheuses pèsent encore si lourdement sur la colonie.

Cette politique militariste a connu ses plus beaux jours précisément à l'époque où les colonies, soustraites au gouvernement direct du département de la marine, passèrent aux mains d'un sous-secrétaire d'état civil. Rue Royale, les officiers de l'infanterie de marine et de l'artillerie se sentaient sous l'autorité d'un chef militaire supérieur en grade et appartenant à une autre arme. Cette autorité cessait d'être aussi absolue dès que le sous-secrétaire d'État ne dépendait plus directement du ministre de la marine. Devant un civil, l'autorité militaire s'émancipait davantage. Aussi, l'action militaire s'est-elle exercée avec une sorte d'omnipotence pendant cette longue période. Le Soudan et le Tonkin en savent quelque chose. Le budget de la France, de 1884 à 1899, en porte les marques. Qu'on additionne les crédits — extraordinaires et supplémentaires — absorbés par les expéditions coloniales et on arrivera bien près du milliard.

Le transfert du gouvernement des colonies au ministère du commerce, puis la création (20 mars 1894) du ministère des colonies firent naître un autre danger : celui de la centralisation administrative à outrance et du fonctionnarisme.

Obéissant aux vieilles traditions administratives, à la conception d'une réglementation uniforme et d'une hiérarchie étroitement centralisée, les bureaux, la haute direction, prétendirent gouverner directement les colonies depuis Paris, à leur façon, d'après des lois et des règlements identiques, « comme autant de départements français. » Pendant plusieurs années il fut admis que les gouverneurs étaient tout simplement des sous-ordres et que les tenant « au bout du fil » on les dirigeait par le télégraphe. Toutes les affaires coloniales devaient ressortir directement aux bureaux compétents du pavillon de Flore. On obligeait les colonies à prendre leurs fournitures en France ; on leur imposait, à propos de la moindre affaire des formalités tantôt impossibles, tantôt interminables. Et le nombre des fonctionnaires expédiés de Paris allait toujours croissant. C'est l'époque où le Tonkin comptait quinze ou vingts résidents de plus qu'il n'y avait de résidences, où on envoyait par vingtaine des instituteurs alors qu'il n'y avait pas d'écoles, où on expédiait à Madagascar, avant même que le gouverneur y fût arrivé, toute une cour d'appel qui ne possédait pas un seul justiciable.

Cependant le décret du 21 avril 1891 avait proclamé d'autres principes, inauguré une autre politique.

L'autonomie administrative des colonies s'y trouvait établie en principe et leur personnalité garantie. D'autre part, la subordination expresse de l'autorité militaire au gouvernement civil sanctionnait un changement absolu de politique. C'était pour les colonies la promesse d'un régime de paix et de liberté.

Mais, les intérêts lésés ne se résignant point facilement, les résistances furent vives et, au 29 décembre 1894, la brusque disgrâce de M. de Lanessan remit en cause tout le régime colonial. Il a fallu la persistance énergique de M. Doumer pour obtenir enfin les décrets des 3 juillet, 31 juillet, 8 août 1898, des 13 février, 2 mars 1899 etc. pour assurer définitivement la suprématie du pouvoir civil et la décentralisation administrative des colonies.

C'est une ère nouvelle qui s'est ouverte, pour l'Indo-Chine, tout au moins, en attendant que les autres pays en profitent. Il est admis, désormais, qu'on gouvernera non plus par la force mais par le droit et la justice ; que la civilisation se manifestera par des travaux utiles et non plus par des combats ; qu'elle s'affirmera par la route et par le rail et non plus par la fusillade et les coups de canon ; qu'au lieu de brûler et de détruire on s'occupera de construire et de cultiver.

Il est admis encore — et vraiment il en était temps — que, respectant le droit et la liberté, même chez les « sauvages », l'administration centrale renoncera désormais à ses idées « d'assimilation », n'essaiera plus d'imposer aux populations indigènes ses règlementations uniformes, déjà répudiées même par les départements français.

Les mœurs, les lois, les coutumes, l'organisation intérieure des pays occupés par nous seront désormais respectés et nous les laisserons s'administrer et vivre comme ils l'entendront sous notre protection et notre tutelle. Ce que faisaient les Romains il y a tout à l'heure deux mille ans, nous avons enfin compris qu'il était utile pour nous aussi de le faire.

Tel est le grand enseignement qui ressort de l'histoire indo-chinoise, surtout dequis les dix dernières années : jusqu'en 1891, la guerre, le trouble, la ruine ; depuis 1891 jusqu'à ce jour, la paix, le progrès, la prospérité, la richesse. Ces deux résultats jugent les deux politiques.

J'ignore encore ce que sera l'Exposition indochinoise. Je me souviens fort exactement de ce que fut celle de 1889 ; et j'ai la conviction profonde que celle de 1900 sera une révélation, un témoignage puissant et merveilleux de ce que peut produire dans un pays comme l'Indo-Chine une politique de paix et de liberté.

Pour l'avenir de l'Indo-Chine comme pour celui de toutes nos colonies, il est nécessaire que ces constatations soient faites et que chacun puisse apprendre à connaître avec certitude les besoins, les produits, les richesses de nos possessions coloniales. Pour que le parlement voulût bien accorder crédit à l'Indo-Chine et lui permettre de faire appel aux capitaux, il a fallu que la paix y fût rétablie, que la réputation de ce pays, fâcheuse au début, se fût réhabilitée et que le public français eût appris à le connaître. Il reste encore beaucoup à faire dans cet ordre d'idées. Jusqu'à présent, les capitaux français, prompts à s'engager, même avec la rémunération, bien restreinte, d'un revenu de 3 %, lorsque le gouvernement leur promet garantie, sont d'une timidité, voire même d'une défiance extraordinaire lorsqu'on les sollicite de s'employer dans les entreprises industrielles d'ordre privé. La même épargne, — la petite épargne, surtout, — qu', dans l'espoir d'un gros revenu, se précipite aveuglément sur certaines valeurs étrangères à grand tapage, s'abstient et se refuse quand on lui demande de se porter sur des entreprises françaises, moins bruyantes, plus modestes, mais plus honnêtes et plus sûres. Bien des millions sont partis sans retour pour le Honduras, l'Argentine, le Portugal, etc., qui, s'ils s'étaient employés dans les colonies françaises, auraient enrichi en même temps la France et les colonies.

Et ce n'est pas seulement la timidité naturelle de capitaux français qu'il faut accuser. Le parlement et la presse sont pour beaucoup dans ce discrédit irraisonné des entreprises coloniales. Depuis quinze ans, les passions politiques luttent à coup de calomnies et de dénonciations réciproques. Si bien que le mot « d'affaires » est devenu synonyme de « concussion »ou de « brigandage » ; et que, pour condamner définitivement une entreprise quelconque, il suffit de dire que c'est « une spéculation ». L'ignorance du public aidant, cela suffit pour couper tout crédit aux entreprises coloniales.

Pour détruire ces tendances et ces préjugés déplorables, il n'est qu'un remède : la lumière. Il faut faire connaître au public français la vérité sur ces pays que leur éloignement lui fait voir à travers tant de fables, de mensonges et d'idées fausses. Avec la vérité viendra la confiance ; avec la confiance, le crédit qui engendre la prospérité.

C'est pour aider à cette vulgarisation de l'exacte vérité que j'ai entrepris cette étude. Si peu qu'elle ait de mérite, elle aura du moins celui de l'exactitude et de la bonne foi.

POST-SCRIPTUM

Pendant que s'imprimait ce livre, l'Exposition indo-chinoise s'est ouverte, apportant à ses affirmations la confirmation la plus éclatante.

L'Exposition de 1889 avait révélé les richesses naturelles de ce pays ; celle de 1900 révèle avec une incomparable puissance non seulement sa richesse matérielle, mais surtout sa prospérité morale.

A ce point de vue, la visite, même rapide et sommaire du « Pavillon des produits », est profondément suggestive. L'origine seule des objets exposés suffit à justifier, on peut même dire, à glorifier le régime politique dont les effets se traduisent par d'aussi merveilleux résultats. Car voilà qu'aujourd'hui, venant de régions jadis inaccessibles, de provinces où régnaient, il y a dix ans, la piraterie et la famine, arrivent des produits précieux dont l'abondance et la richesse attestent que, dans ces contrées autrefois ensanglantées et désertes, règnent aujourd'hui la paix, la sécurité, la confiance et le travail.

Il est impossible de parcourir cette Exposition sans éprouver une impression réconfortante de calme, de stabilité, sans ressentir la conviction absolue qu'il s'est fait là non plus une œuvre éphémère et chaque jour compromise, de conquête et d'occupation militaire, mais une œuvre définitive, pacifique et désormais inattaquable : la création d'un grand État, on peut même dire la reconstitution d'une nation et d'un pays.

Car ce n'est pas seulement pour le profit particulier de la France que s'est accomplie et définitivement réalisée l'unité de l'Indo-Chine ; c'est surtout pour l'Indo-Chine elle-même qu'en est le bénéfice, pour ces populations autrefois divisées, souvent ennemies ; pour ces peuplades éparses, ignoréee presque, débris misérables de nationalités mortes et disparues, retombées à la sauvagerie, vivant péniblement d'une vie purement animale et dont aujourd'hui l'ensemble se trouve former tout naturellement une grande nation, en possession d'une organisation bienfaisante qui, chaque jour, se complète et marche vers le bien-être matériel et moral d'une civilisation supérieure.

Des sauvages?... il n'y en a déjà plus. Tenez! voici dans cette vitrine des produits, « des articles de commerce », expédiés du Bas-Laos, du pays des Khas et des Bahnars, dont, en 1880, le docteur Harmand constatait « l'état misérable de sauvagerie primitive ». Voici, provenant des province nord-est du Tonkin, de celles-là même où la piraterie, jusqu'en 1892, avait eu ses plus redoutables repaires, voici des produits précieux : du thé, de la cannelle, du coton. Et nous apprenons que les anciens chefs pirates, désormais ralliés et conquis corps et âme, se sont faits agriculteurs, commerçants, entrepreneurs de travaux publics et marchands de bois.

Quelles preuves plus complètes peut-on désirer de la pacification, de la sécurité matérielle et morale d'un pays?

Une autre impression, non moins profonde, se dégage de cette rapide inspection de l'Exposition indo-chinoise. Il est évident que, désor-

mais unanimement, protecteurs et protégés, ont
la conviction, la confiance, la certitude absolue
que « cela durera ». Jusqu'en 1891, dans tous
les esprits subsistait, quoi qu'on fît, cette idée,
qu'un moment où l'autre « nous nous en irions ».
Une fois déjà, par le traité de Philastre, la chose
était arrivée à peu près. Une seconde fois, en
1885, M. le général de Courcy avait proposé
l'évacuation du Tonkin. Il était possible qu'un
échec, un revers comme celui de Lang-Son, une
insurrection réussie, eussent pour conséquence
le départ des Français.

Aujourd'hui, cette idée n'est plus dans la pensée de personne. La paix a rendu définitive,
inébranlable, plus encore dans l'avenir que dans
le présent, la domination française. Ce n'est plus
par la force toujours incertaine et précaire des
armes, c'est par le bienfait de la paix, de la justice, du travail que cette domination s'est imposée; et la France a obtenu par la reconnaissance
une confiance et une affection bien autrement
efficaces et durables que l'obéissance tremblante
et révoltée des opprimés devant la force.

La paix et la confiance ont permis, d'autre
part, d'entreprendre les grands travaux publics

qui sont en même temps le signe visible et l'instrument tout puissant des prises de possession
définitives. Le jour où elle a consacré 200 millions aux chemins de fer et aux autres entreprises
indo-chinoises, la France s'est pour toujours
établie dans ce pays et, désormais, il ne peut
plus venir à la pensée de personne que jamais
elle puisse l'abandonner. Cette certitude
absolue, cette confiance inébranlable dans la
durée du régime ont immédiatement donné l'es-
sor à l'activité laborieuse du pays. On a pu se
permettre les entreprises de longue haleine, les
plantations, les industries qui demandent, pour
devenir rémunératrices, la garantie de la paisible
durée. Dans cet ordre d'idées, vingt batailles
gagnées ne font point, tant s'en faut, le même
effet qu'un pauvre petit kilomètre de chemin de
fer. On se dit qu'après les batailles gagnées
peuvent venir les batailles perdues ; mais après
le kilomètre de voie ferrée, on sait que d'autres
encore se construiront et que, plus il s'en fera,
plus le pays aura de richesse et de bien-être.

Cette rapide prospérité s'affirme par des signes
éclatants. Elle est écrite en chiffres lumineux
sur les vitrines du « Pavillon des produits ».

Cette montée formidable des totaux du commerce extérieur de l'Indo-Chine, cette augmentation prodigieuse de l'exportation des riz font apparaître l'Indo-Chine comme la grande nourricière de l'Asie orientale — ce qu'était l'Égypte au monde ancien. — Puis, alors qu'elle importait, en quantités considérables, le thé, le coton, le café, voilà qu'aujourd'hui l'Indo-Chine a cessé d'importer et déjà voit ses exportations grossir. Sa fortune est en marche et, désormais, rapidement grandira.

Enfin, une étude plus prolongée, un examen plus attentif font comprendre combien est sérieuse, combien efficace, l'unification indo-chinoise. Le particularisme, l'antagonisme d'autrefois — qui s'accusaient si nettement en 1889 entre la Cochinchine et le Tonkin — ont disparu sans laisser trace. Chaque pays conservant son individualité morale, son goût et son génie propres, l'ensemble, cependant, constitue un tout homogène où les dissonances se sont effacées. Il n'y a plus d'Exposition particulière et exclusive à chaque pays. Et si dans l'Exposition indo-chinoise il y a des provenances diverses, il est intéressant de constater que le caractère des objets

exposés n'accuse que des différences de nuance
dans un type commun. Il est permis, peut-être,
de regretter, au point de vue du pittoresque,
cette uniformisation. Mais comme elle se fait
dans le sens d'une amélioration et d'un progrès
notables, il ne s'en faut point affliger outre
mesure. C'est l'art civilisé qui attire à lui l'art
naïf et maladroit des populations primitives.
C'est le type le plus élevé qui modifie et relève
le niveau général. L'infériorité des races brahmaniques s'efface par une fusion rapide avec les
races boudhiques. L'Annamite, plus ouvert,
plus intelligent — et aussi plus mobile — absorbe
les autres populations et, en même temps, une
nationalité nouvelle se crée à la place de l'ancienne
nationalité annamite : la nationalité indo-chinoise à laquelle la France donne l'unité, la cohésion et, pour ainsi dire, l'âme commune.

Paris, 25 mai 1900.

E. BONHOURE

ERRATUM

Page 51, ligne 3, *lisez* : leurs, *au lieu de* : ses.

Page 78, ligne 24, *lisez* : Vien-Tiane, *au lieu de* : Tien-Viane.

Page 89, ligne 9, *lisez* : résident supérieur, *au lieu de* : résident général.

Page 92, ligne 3, *lisez* : en, *au lieu de* : au.

Page 96, ligne 15, *lisez* : tonkinois, *au lieu de* : annamites.

Page 101, ligne 9, *lisez* : deux, *au lieu de* : trois.

Page 102, ligne 7, *lisez* : un ancien commissaire, *au lieu de* : un commissaire.

Page 102, ligne 13, *lisez* : trois bureaux *au lieu de* : un bureau.

Page 142, ligne 17, *lisez* : vingt, *au lieu de* : vingt-deux.

Page 142, ligne 21, *lisez* : élu, *au lieu de* : composé des chefs de canton.

Page 145, ligne 21, *lisez* : salines, *au lieu de* : salaires.

Page 146, ligne 24, *lisez* : 1 fr. 40, *au lieu de* : 0. 40.

Page 147, ligne 2, *lisez* : 1 fr. 20, *au lieu de* : 0 fr. 20.

Page 154, ligne 7, *lisez* : 108.010.300, *au lieu de* : 108.974.542.

Page 168 (titre), *lisez* : village du Kinh-Luoc; *au lieu de* : village de Tong-Doc.

Page 176, ligne 12-14, *lisez* : 1883, *au lieu de* : 1893.

Page 194, ligne 7, *lisez* : Lemire, *au lieu de* : Lemyre de Vilers.

Page 198, ligne 15, *lisez* : Dans chaque province un Tong-Doc, chef-gouverneur, ayant, etc.

Page 198, lignes 20, 21, 22, supprimer le passage : « dans chaque province, etc., de phu et de huyem. »

TABLE DES MATIÈRES

LE LAOS

KOUANG-TCHÉOU-WAN

MACON, PROTAT FRÈRES, IMPRIMEURS.

Augustin CHALLAMEL, Éditeur

17, Rue Jacob, Paris

LIBRAIRIE MARITIME ET COLONIALE

Les cinq pays de l'Indo-Chine française, l'établissement de Kouang-Tchéou, le Siam par Ch. Lemire, résident honoraire de France, br. in-8, avec 4 cartes, 24 gravures et des documents annexes — 2 »

Au Pays Annamite, notes ethnographiques, par H.-L. Jammes, ancien directeur de l'Ecole royale cambodgienne de Phnompenh, rédacteur en chef du *Courrier de Saïgon*. 1 vol. in-18. — 3 50

Souvenirs du pays d'Annam, par H.-L. Jammes. 1 volume in-18. — 3 50

Au Tonkin et sur la frontière du Kwang-Si, par le lieutenant-colonel Famin, vice-président de la Commission d'abornement des frontières Sino-Annamites. 1 vol. in-8, orné de 17 cartes et le 42 gravures hors texte. — 7 50

Douze mois chez les sauvages du Laos, par Alfred Coussot, et Henri Ruel. 1 vol. in-8 avec nombreuses gravures et accompagné de 4 cartes. — 5 »

La France en Indo-Chine, par A. Bouinais, lieutenant-colonel, membre de la Commission de délimitation du Tonkin, et A. Paulus, professeur agrégé d'histoire et de géographie. In-18. — 3 50

L'Indo-Chine française contemporaine. Cochinchine (2° édition); Cambodge, Tonkin, Annam, par MM. A. Bouinais, et A. Paulus. 2 très forts volumes in-8, ornés de 12 dessins et de trois cartes. — 27 50

A travers la Cochinchine, par Raoul Postel, ancien magistrat à Saïgon. In-18 avec 2 cartes. — 3 50

Un an de séjour en Cochinchine, par Delteil. In-12, avec cartes. — 2 50

La Cochinchine française et le royaume de Cambodge. Itinéraire de Paris à Saïgon et deux cartes, par Ch. Lemire. In-18, 6° édition mise à jour. — 4 »

Éléments de grammaire annamite, par E. Diguet, capitaine d'infanterie de marine. 1 vol. in-8. — 3 »

Nouveau Dictionnaire français tonkinois et tonkinois français, par P. Crépin, capitaine d'infanterie de marine, in-18, cartonné toile. — 3 50

Carte de l'Indo-Chine, dressée sous les auspices du ministre des affaires étrangères et du sous-secrétaire d'État des colonies, par MM. les capitaines Cupet, Friquegnon et de Malglaive, membres de la mission Pavie. 4 feuilles grand aigle, 4 couleurs, échelle au 1/1.000.000° — 14 »

Même carte en 1 feuille au 1/2.000.000°. — 5 »

Carte de la Cochinchine, d'après les documents les plus récents, par le commandant Koch. 4 feuilles colombier, 5 couleurs, échelle au 1|4.000.000°. — 15 »

Carte du Tonkin, par le capitaine Nay. 1 feuille en couleurs, échelle au 1|1.000.000°. — 2 »

MACON, PROTAT FRÈRES, IMPRIMEURS

www.ingramcontent.com/pod-product-compliance
Lightning Source LLC
LaVergne TN
LVHW050259060726
842525LV00002B/340